EL PODER DEL ESTOICISMO

7 pasos para abrazar el arte de vivir con propósito, sabiduría y serenidad

Daniel J. Martin

ISBN 978-9916-9956-2-4

Aviso: Este libro ha sido creado con la intención de ofrecer información, sugerencias y orientación sobre distintas áreas de la vida, entre ellas el bienestar emocional, la salud mental, el crecimiento personal y el desarrollo de relaciones saludables. Sin embargo, no sustituye en ningún caso a la atención médica profesional o al asesoramiento de un psicólogo o terapeuta calificado. Si estás enfrentando problemas serios de salud mental o emocional, te recomendamos que busques ayuda profesional de manera inmediata.

«Las circunstancias no hacen al hombre,

solo lo revelan.»

— Epicteto

ÍNDICE

¡DESCARGA EL AUDIOLIBRO GRATIS!

Si prefieres disfrutar de este libro mientras, conduces, caminas o haces deporte... **¡Descarga la versión en audio completamente GRATIS!**

http://www.danieljmartin.es/audio/pes

Introducción

¿Qué es el estoicismo?

Seguro que has oído hablar del estoicismo. Es una palabra que se ha puesto de moda, y no precisamente porque sea nueva: el estoicismo nació en la antigua Grecia hace ahora unos 2.300 años (unos 300 antes de Cristo). Se lo «inventó» un hombre llamado Zenón de Citio, que vivió una vida relativamente buena en la que entonces era una de las ciudades más avanzadas del mundo: Atenas.

En esa época, Atenas era la Silicon Valley de la filosofía: de ahí salían todas las buenas ideas acerca del pensamiento, el conocimiento y la construcción social que influirían en Occidente durante los siglos posteriores. En Atenas nació la democracia que, sin ser perfecta, a día de hoy sigue siendo el más justo de los sistemas políticos.

Volviendo a nuestro hombre, Zenón de Citio, decía que tuvo una vida bastante buena: a los 45 años pudo dejar su trabajo como comerciante para «reinventarse» y fundar su propia escuela de filosofía en Atenas. En aquella época, tener una escuela o formar parte de ella significaba gozar de un estatus social elevado. De hecho, el propio rey Antígono II admiraba a Zenón y solía invitarlo a sus banquetes.

Zenón de Citio dedicó mucho tiempo y esfuerzo a estudiar el comportamiento humano, especialmente el relacionado con la virtud y la gestión de las emociones. La forma de afrontar nuestras tristezas, miedos, deseos y frustraciones con la integridad moral era algo que lo obsesionó y, de hecho, él mismo tuvo dificultades para dominar sus propias tormentas internas.

Para Zenón, el objetivo vital de todo ser humano era alcanzar la virtud, entendida como la forma correcta de comportarse al margen de cosas externas como la salud, la riqueza o el placer (hace dos milenios no se tenía el control de ahora sobre la salud, mientras que la riqueza o la pobreza venían determinadas por la familia, así que ambas cosas se consideraban fuera del propio control). Todas las cosas externas, tanto las positivas como las negativas, eran entendidas por Zenón como pruebas que permitían aflorar la virtud en cada ser humano.

¿Qué predicaba el estoicismo de Zenón? A grandes rasgos, estos eran sus principios:

- La búsqueda de la excelencia moral como objetivo vital.

- El dominio de los instintos y las «bajas pasiones» (la tentación, el placer vacío, etc.).

- El respeto por las leyes y la justicia.

- El rechazo al victimismo ante las desgracias.

- La defensa de la autorresponsabilidad.

- La entereza y la integridad contra tentaciones y desgracias.

- La búsqueda de la ataraxia (algo así como la paz interior o la imperturbabilidad).

- La ética del esfuerzo y la disciplina.

- El entrenamiento de la fuerza de voluntad o «fuerza interior».

Séneca y Epicteto

Después de Zenón, dos figuras más apuntalaron el pensamiento estoico: Séneca y Epicteto.

Séneca fue un filósofo nacido en Córdoba en el siglo I a.C. (entonces Córdoba era romana). Fue un gran pensador y un hombre muy influyente en Roma capital, donde se trasladó siendo joven. Tal fue su influencia que hasta tres emperadores distintos –Calígula, Claudio y Nerón–, lo percibieron como un peligro para su mandato y lo condenaron a muerte. De los dos primeros se salvó, pero el tercero, Nerón, del que Séneca fue consejero desde que era un niño, consiguió llevar a cabo su suicidio[1].

En palabras de Séneca: «La virtud es una cualidad elevada, sublime, real, invencible, incansable; el placer es bajo, servil, débil, perecedero; sus guaridas y hogares son el burdel y la taberna».

Séneca, sin embargo, fue más estoico en sus teorías que en la práctica: se dice que se enriqueció ilícitamente, que le gustaba el poder y que la virtud no fue su punto fuerte[2].

Epicteto, por su lado, fue un filósofo griego que nació esclavo 20 años después de la

---

[1] En la antigua Roma, una forma habitual de ejecutar la pena de muerte por parte de la autoridad era la «orden de suicidio», mediante la cual el condenado podía poner fin a tu vida de la forma que considerara.

[2] Entre otros actos vergonzosos, cuando Nerón mandó asesinar a su propia madre, Agripina, Séneca lo defendió para mantenerse en el poder.

crucifixión de Jesús y unos 50 después de Séneca, también bajo el Imperio romano. Su estoicismo continuó el legado de Zenón, pero con matices más radicales: él defendía que ni el dolor físico ni ningún otro obstáculo debían desestabilizar a un hombre sabio. A él mismo, decía, nada ni nadie podía hacerle perder la calma, nada podía afectarlo emocionalmente hasta el punto de desviarse de su rumbo. Él nunca sentía ningún deseo que pudiera contrariarlo si no lo satisfacía. Su felicidad no dependía de cómo le fueran las cosas.

Para Epicteto, un hombre sabio es el que solo presta atención a lo que depende de sí mismo: sus pensamientos y sus acciones. Esto, llevado al extremo, se resume en sus propias palabras:

«Podrás amenazarme, encadenarme, encerrarme o exiliarme. Pero yo te recuerdo que ni Zeus podría quitarme el poder de decidir mi actitud».

Epicteto ponía el énfasis en conceptos como:

- La eudaimonía (similar a la felicidad), como resultado de la práctica de la virtud, nunca del placer vacío.

- La libertad de espíritu como resultado de una absoluta independencia respecto a deseos, tentaciones, normas sociales, riquezas, etc.

- La ataraxia (ya hemos dicho que significa «imperturbabilidad», algo así como la paz interior o la tranquilidad de espíritu).

- La apatía (el desapasionamiento entendido como el no sometimiento a las pasiones).

- Las eupatías (los buenos sentimientos).

El estoicismo de Marco Aurelio

Si el estoicismo ha llegado a nuestros días, es en gran parte gracias a uno de los mayores *influencers* de la Historia: el emperador Marco Aurelio[3].

Marco Aurelio fue uno de los emperadores romanos con la cabeza mejor amueblada. Durante su mandato, trabajó al servicio del bien común y la justicia, y antepuso el bienestar de sus súbditos a su propio placer. Él adoptó el estoicismo como guía para su conciencia y antídoto contra la corrupción.

Siguiendo la ataraxia (la imperturbabilidad del ánimo), Marco Aurelio se entrenó para no alterarse por nada. Así, aceptaba los sucesos que no podía controlar como parte del destino, sin enfurecerse, frustrarse o deprimirse. Teniendo en cuenta que gobernaba la primera potencia mundial, y que tenía enemigos tanto fuera como dentro de sus fronteras (en su misma casa, de hecho), su determinación tenía mucho mérito.

---

[3] El emperador Marco Aurelio reinó durante 20 años en el siglo II d.C.

A diferencia de Epicteto, quien nunca dejó nada escrito (sus teorías fueron divulgados por discípulos y seguidores suyos); Marco Aurelio sí dejó una extensa obra escrita en la que se refleja su filosofía de vida estoica. Se trata de las *Meditaciones*, *Pensamientos* o *A sí mismo*. En ellas se recogen reflexiones personales en torno a temas como la justicia, la corrupción, la moralidad o el universo, y han influido en muchos hombres y mujeres posteriores.

Destacar que también su hija Cornificia siguió los principios estoicos, pero tuvo menos suerte que Marco Aurelio: a ella le tocó vivir bajo el cruel mandato del emperador Caracalla y fue obligada a suicidarse[4] por oponerse a él.

Cornificia no fue la única mujer destacada que defendió el estoicismo: en época de Nerón también vivió Fania, hija de senador y de familia

---

[4] Ya hemos dicho que, en la Antigüedad, una forma habitual de ejecutar la pena de muerte por parte de la autoridad era ordenar el suicidio. La hija de Marco Aurelio se abrió las venas, sentenciada por Caracalla.

rica que renunció a vivir entre lujos por defender lo que creía justo. Eso la llevó al destierro. De Fania, el historiador Plinio el Joven llegó a decir: «Me duele que una mujer tan grandiosa sea sacada de los ojos de las personas, y quién sabe cuándo volveremos a ver a alguien como ella».

Más tarde, el estoicismo influyó en las doctrinas cristianas, aunque en ellas la práctica estoica se usaba como forma de venerar a Dios, no a la propia conciencia y voluntad.

El estoicismo moderno

Si el estoicismo es tan antiguo, ¿por qué ahora todo el mundo habla de ello como si se acabara de inventar? Lo cierto es que yo también me lo pregunto pero, sobre todo, me pregunto por qué no lo pusimos de moda antes. Enseguida te cuento por qué.

Hace unos años, cuando empecé a interesarme por el estoicismo y me sumergí en las corrientes filosóficas de la antigüedad, me sorprendí a mí mismo descubriendo que yo sabía muchas de esas cosas. Y no porque sea un genio o haya estudiado filosofía clásica, sino porque yo ya aplicaba muchos de esos conocimientos a mi propia vida, solo que los llamaba de otra forma. De hecho, estoy convencido de que tú también aplicas prácticas estoicas a tu vida diaria sin saber que provienen de la Grecia clásica y que antes de ti ya las practicaba Marco Aurelio.

El estoicismo es tremendamente transversal y está en plena vigencia hoy en día. Solo hay que cambiar un poco el contexto (bueno, ¡más de 2.000 años!), pero la esencia sigue igual de válida y universal.

¿Qué busca hoy el estoicismo?

El estoicismo moderno difícilmente te va a llevar al destierro o a la pena de muerte como le ocurrió a Fania o a Cornificia. Aunque tal vez tengas que sacrificar algunas cosas, incluso ciertas relaciones personales. Tampoco predica la renuncia al placer porque sí, para fastidiar: lo que predica es estar por encima del placer y de los deseos, del miedo y del sufrimiento cuando la ocasión lo requiere.

El libro que tienes en tus manos pretende ser una guía para acercarse al estoicismo sin perder de vista los más de dos milenios que nos separan de su fundador. Mientras trabajaba en él, me gustaba pensar que estaba escribiendo una especie de diccionario de estoicismo contemporáneo, donde mi tarea era traducir las antiguas enseñanzas al lenguaje actual.

Así que este libro es para ti si:

- Eres impulsivo y tienes ansiedad.

- Has tomado malas decisiones por perderte en tu propio miedo, en las comparaciones con los demás, en el qué dirán o en la búsqueda de la tranquilidad inmediata.

- Te gustaría tener más control sobre tu vida.

- Tienes depresión y baja autoestima.

- Siempre estás preocupándote por cosas.

- Tienes más emociones dolorosas que satisfactorias.

- Estás hipervigilante, siempre intentas controlarlo todo.

- Crees que deberías ser más fuerte, tanto física como mentalmente.

- Crees que deberías vivir más en paz contigo mismo.

Si te has sentido identificado con lo que acabas de leer, estoy convencido de que el estoicismo puede ayudarte. Lo único que te pido es que te libres de prejuicios y abordes las próximas páginas con la mente abierta. Estoy seguro de que lo que decía nuestro viejo amigo Zenón de Citio también es para ti.

Como suelo decir en mis libros, nunca es tarde para el autoconocimiento y nunca es tarde para aprender a dominar lo que nos hace daño que reside dentro de nosotros. No se trata de detener la tormenta, se trata de saber navegar en aguas agitadas.

El fin último del estoicismo es enseñar a hombres y mujeres a ser auténticamente libres y felices. ¿No te parece que merece una oportunidad?

Lee este «diccionario» y, al final, si quieres, hablamos.

Daniel

Examina tu nivel de estoicismo

«No podemos elegir nuestras circunstancias externas, pero siempre podemos elegir cómo responder a ellas.»

— Epicteto

Cuando hablo a mis pacientes del estoicismo como método para convertirse en personas más valientes y más resistentes a los golpes de la vida, todos se muestran entusiasmados: «¡Sí! ¡Eso es lo que necesito!», me dicen.

Lo que no genera tanto entusiasmo es el camino para lograrlo. Porque el primer paso de ese proceso, y tal vez el más desalentador, es examinar la propia mentalidad en el momento presente; es decir, valorar el propio «nivel de estoicismo».

La mayoría de nosotros trabajamos duro, hacemos un montón de actividades ingratas y dedicamos muchas horas de nuestro día a día a cosas que no nos apetece hacer: limpiar la casa, aguantar a clientes arrogantes, ir al dentista, soportar atascos, asistir a reuniones de trabajo pesadísimas y ahorrar dinero en vez de comprarnos caprichos. En cierto modo, esas son actitudes estoicas, ya que se alinean con nuestras responsabilidades como adultos y no con nuestros deseos primarios.

¿Es eso suficiente para ser estoicos?

Lo cierto es que no, porque casi siempre hacemos todo eso de malhumor, con frustración, soñando con la vida que nos gustaría llevar y quejándonos todo el santo día. Podríamos decir que nuestros actos son más estoicos que nuestra mentalidad.

¿Por qué esa diferencia entre los actos que realizamos y lo que pensamos sobre ellos? Creo que muchos hacemos lo que hacemos a la espera de una compensación externa. Es decir: no nos sentimos identificados con lo que hacemos por responsabilidad; solo nos queremos identificar con lo que hacemos por placer. Solo nos sentimos «nosotros mismos» cuando hacemos lo que nos apetece o lo que nos gusta. El resto del tiempo, parece que nos alquilemos como robots por horas, o que vayamos a todas partes llevados a punta de pistola.

Y lo cierto es que, si solo nos vinculamos a lo que hacemos por placer, si nuestros ratos de relax, de hedonismo o de autocuidado son los únicos que dan sentido a nuestras vidas, seguiremos viviendo con ansiedad, culpa, vergüenza, estrés, frustración y muchas otras emociones desagradables.

¿Cómo nos puede ayudar el estoicismo a ser más resistentes mentalmente? Y no hablo solo de la resistencia en momentos críticos, también ante la rutina, el aburrimiento o el hartazgo. Aquí van algunos ejemplos:

- Cuando adoptas el estoicismo, eres capaz de mantener la calma en momentos de crisis.

- Cuando eres estoico, tu felicidad no depende de éxitos o validación externa, sino de tu propia conciencia. Eso te hace más independiente respecto a las cosas materiales.

- El estoicismo te enseñará que hay muchas cosas en la vida que nunca podrás controlar ni dominar, pero muchas otras sí: esas son las que merecen tu atención.

- El estoicismo te revela que, para vivir en paz contigo mismo, no necesitas mucho dinero, mucha fama, mucho éxito ni mucha adulación. De hecho, no necesitas ninguna.

- El estoicismo te enseñará que no eres ni tu pasado ni tu futuro, solo eres tú en este momento.

- El estoicismo calmará tus ansias por triunfar a costa de salud, amor, felicidad y autenticidad. El estoicismo te quita la presión del éxito y de las exigencias extremas.

- El estoicismo te dará fortaleza frente a tus enemigos y a las dificultades.

- El estoicismo te mostrará belleza y solidaridad donde antes solo veías hostilidad.

Termino este apartado con las palabras del filósofo contemporáneo William B. Irvine[5]:

«El estoicismo, entendido correctamente, es una cura para una enfermedad. La enfermedad en cuestión es la ansiedad, el dolor, el miedo y otras emociones negativas que afectan a los humanos y les impiden experimentar una existencia gozosa».

---

5 William B. Irvine (1952, EE. UU.), es profesor de filosofía en Ohio y divulgador del llamado «Estoicismo moderno», que es una relectura del estoicismo clásico adaptado a nuestros tiempos. Para Irvine, el estoicismo es un método para vivir de forma plena y feliz.

¿Qué hago con las emociones?

Cuando hablamos de adoptar el estoicismo, no es para reprimir las emociones desagradables, ignorarlas o engañarnos a nosotros mismos: es para examinarlas y entenderlas.

Las emociones son sensaciones que nacen como respuesta natural a un estímulo, que puede ser un pensamiento, un recuerdo, una percepción, una idea, etc.

Las emociones son inevitables y automáticas: no podemos decidir cuándo sentirlas y cuándo, no. Además, influyen en nuestras decisiones, nuestros pensamientos y nuestros actos, del mismo modo que estos influyen en nuestro estado de ánimo[6], lo queramos o no. La relación

---

[6] Si deseas ampliar tus conocimientos sobre las emociones, te recomiendo leer «El poder de las emociones», de esta misma serie: *www.danieljmartin.es/wide/pe*

entre emociones, pensamientos y actos se podría representar en un triángulo así:

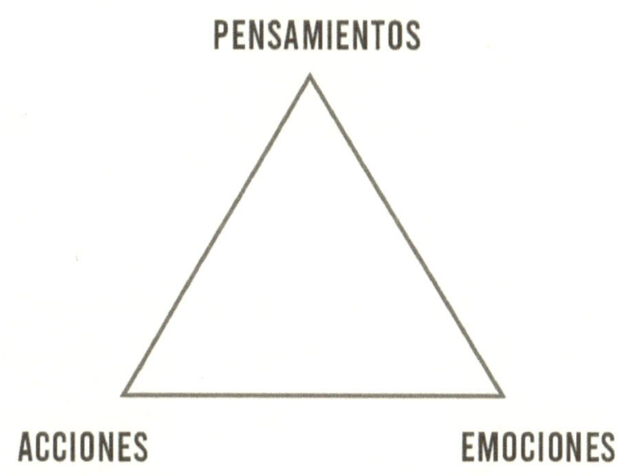

Si no aprendemos a interpretar y a escuchar correctamente las emociones, tomaremos malas decisiones porque pensaremos de forma incorrecta. Sin embargo, la solución nunca es ignorar las emociones. Vamos a ver por qué.

Para empezar, es imposible no sentir emociones. La mayoría de nosotros experimenta emociones continuamente, tanto agradables como desagradables. Incluso Epicteto, que predicaba la impasibilidad, entendía que lo malo no era sentir emociones, sino el nivel de poder que tienen sobre nosotros.

Por ejemplo: si te da terror viajar en avión y quieres superarlo, lo primero que deberás hacer es escuchar a tus emociones y entender qué tratan de decirte (las emociones solo son las mensajeras). En este caso, las emociones tratan de protegerte de lo que el cerebro entiende como un peligro, pero lo hacen de forma irracional.

No debemos sentirnos mal ni culpabilizarnos por cómo nos sentimos: lo que realmente debe preocuparnos es lo que hacemos bajo la influencia de cada emoción, sea cual sea.

De las emociones y su gestión desde el estoicismo hablaremos a lo largo de este libro, y especialmente en el Paso 4, dedicado íntegramente a ellas.

Los tres pilares del estoicismo

El estoicismo, también el contemporáneo, se sostiene sobre tres pilares básicos: la aceptación, la virtud y el autocontrol. Vamos a ver cada uno de ellos y distinguiremos qué es y qué no es cada uno, ya que tienen trampa y pueden ser fácilmente malinterpretados.

- **La aceptación:** La aceptación es la práctica de la no involucración emocional en cosas que no podemos cambiar. Eso no significa no sentir nada hacia una desgracia o mostrarnos impasibles ante el dolor de otra persona. Significa no caer en el victimismo, en el dramatismo, en la impulsividad o en actos incoherentes debido a la negación de la realidad o al desbordamiento emocional.

- **La virtud:** La virtud habla de la mejor versión de ti mismo, el mejor tú en el que te puedes convertir. Y esa mejor versión no es la que tiene más dinero o más amigos: es la que se comporta de forma más alineada con los propios valores y principios, la que nos lleva a una vida de integridad. La virtud es la excelencia moral.

- **<u>El autocontrol:</u>** El autocontrol se puede definir como el equilibrio entre ser fiel a las propias emociones y evitar ser dominado por ellas. Nadie nace enseñado, y nadie pasa demasiado tiempo sin cometer un error, pero hay herramientas para minimizar el impacto de nuestras malas decisiones, que a menudo son fruto de la impulsividad. Una de esas herramientas es el autocontrol: gracias a la fuerza de voluntad, a la moderación y al cultivo de la resiliencia, se consigue el autocontrol, que lleva a la excelencia, es decir, a la virtud[7].

---

[7] El estoicismo también nos enseña a diferenciar entre excelencia y obsesión por el éxito o el perfeccionismo. Más adelante lo ampliaremos.

Los errores de Séneca

El autocontrol es algo que se puede y se debe, entrenar. No aparece de un día para otro y, sobre todo, no aparece sin cometer errores.

Séneca, el filósofo que fue consejero de Nerón, tenía muy claro que los errores formaban parte de la vida, y que no servía de nada castigarse por ellos. En vez de eso, había que tratar de encontrarles alguna utilidad.

Por eso, Séneca escribía un diario. Podríamos decir que era un diario estoico, ya que básicamente se centraba en el análisis de sus propias acciones y actitudes, respondiendo cada día a estas tres preguntas:

- ¿Qué he hecho bien hoy?

- ¿Qué he hecho mal hoy?

- ¿Qué podría hacer mejor mañana?

La primera pregunta no tiene por objetivo la mortificación ni el auto castigo. Su objetivo es hacernos conscientes de los propios errores (recuerda que lo único imperdonable de un error es no aprender nada de él).

La segunda pregunta que se hacía Séneca tiene un doble objetivo: el primero es poder felicitarse a sí mismo por las cosas que ha hecho bien (todos, incluso Séneca, necesitamos ánimo y reconocimiento). El segundo objetivo de esta pregunta es situar los logros y las buenas acciones en su mapa vital con el fin de saber hacia dónde encaminarse.

En la tercera pregunta es donde reside el crecimiento personal: su respuesta conlleva decidir qué nos comprometemos a no repetir en el futuro (evitando errores que sí podemos controlar), y qué nos comprometemos a perseguir (buscando las acciones que nos acercan a nuestra mejor versión).

¿Merece la pena llevar un diario así hoy día? ¿Y por qué estas tres preguntas?

La respuesta nos la da el italiano Massimo Pigliucci[8], profesor de filosofía en la Universidad de Nueva York y un gran seguidor del estoicismo. Él mismo lleva un diario a la manera de Séneca y se responde diariamente a esas tres preguntas. Lo hace porque casi todos nosotros llevamos vidas bastantes regulares: tendemos a vivir las mismas situaciones día tras día y, en consecuencia, también tendemos a repetir los mismos errores una y otra vez. Solo si somos conscientes de este patrón podremos romperlo, y solo si lo rompemos, podremos crecer.

Despertando el propio estoicismo

---

[8] Massimo Pigliucci (Monrovia, Italia, 1964), es biólogo, filósofo y autor. Es practicante del estoicismo moderno como filosofía de vida, y también un gran crítico de las llamadas pseudociencias y de la teoría del creacionismo.

Vamos a ver todo esto con un ejemplo. Imagina que has puesto mucha ilusión en algo: puede ser un concierto que llevas tiempo esperando, las elecciones presidenciales de tu país, la final de futbol que disputa tu equipo, un ascenso en el trabajo, etc.

¿Cómo te sientes? ¿Ilusionado? ¿Sientes que realmente «mereces» que eso ocurra?

Bien, ahora imagina que las cosas no salen como tú esperabas: el concierto se cancela en el último momento, el partido político al que votaste no gana las elecciones, le dan el ascenso a otra persona o tu equipo pierde la final de futbol. ¿Cómo te sientes ahora? ¿Cómo vas a calmar tu frustración? ¿Y si otros imprevistos empeoran la sensación de fracaso, por ejemplo, alguien se burla de tu derrota, o te anuncian que no se te devolverá el dinero de la entrada al concierto, o el ascenso ha sido por enchufe? ¿Cómo llevas la sensación de impotencia ante la injusticia?

Pues bien, esas cosas pasan. Pasan cada día, le pasan a todo el mundo. No digo que debas estar de acuerdo. Digo que no eres el único que sufre injusticias y que debes estar a la altura. ¿Qué haces entonces? Lo primero, preguntarte:

- ¿Qué parte de responsabilidad o control tenías tú sobre esos acontecimientos?
- ¿Podrías haber hecho algo para cambiarlos?

Si las respuestas son negativas, solo te queda trabajar en tu actitud. Si realmente crees que podrías haber hecho algo más por esa «causa», puedes aprender una lección para la próxima ocasión.

Y no estoy diciendo que no te afecte ver a tu equipo perder el campeonato o que te hayan «robado»: estoy diciendo que tus emociones no deben dominar tus actos. ¿Le vas a poner mala cara a tu pareja, que no tiene la culpa, porque a tu equipo lo han machacado? ¿Has decidido que, si tú estás frustrado, nadie tiene derecho a estar bien? Estas actitudes, ¿están alineadas con tu mejor versión? ¿O son infantiles? ¿Indican un adecuado autocontrol?

Te invito a que te observes a ti mismo en distintas situaciones de tu día a día. Observa cómo te hacen sentir los contratiempos, los incidentes, las sorpresas desagradables, las personas poco respetuosas. Luego, reflexiona sobre cómo debería actuar tu mejor yo. Recuerda que no se trata de reprimir emociones, sino de actuar de la mejor forma posible según tus propios intereses y valores.

Resumen del capítulo

— El estoicismo es un método filosófico de ética personal (es decir, de comportamiento), que defiende el uso de la razón y el autocontrol para dominar los instintos.

— El estoicismo se basa en tres pilares básicos: la aceptación, la virtud y el autocontrol.

— Nuestro nivel de estoicismo no es más que nuestra capacidad para enfocar nuestras emociones, nuestros pensamientos y nuestras acciones hacia la virtud o la mejor versión de nosotros mismos.

— Las emociones son reacciones subjetivas, automáticas e inevitables, y no son buenas ni malas. Es lo que hagamos con ellas lo que puede suponer un acto bueno o malo.

— Para valorar el propio nivel de estoicismo, hay que medir nuestra capacidad de resistir a los problemas de la vida, nuestra actitud con los demás y nuestro compromiso con nuestro crecimiento personal.

Acepta lo que no puedes controlar

«Señor, concédeme serenidad para aceptar todo aquello que no puedo cambiar; valor para cambiar lo que sí puedo cambiar; y sabiduría para entender la diferencia.»

— Reinhold Niebuhr

El estoicismo te enseña a mantener una mente tranquila y racional al margen de lo que pase, y te ayuda a comprender y concentrarte en lo que puedes controlar, en vez de preocuparte por lo que no puedes controlar. Para ello, hay un paso previo ineludible: la aceptación.

¿Qué entendemos por «aceptación» en este contexto? ¿Qué es y no es «aceptar»?

- Aceptar significa no negar la evidencia. No ignorar que la realidad es como es, y no como nos gustaría que fuera, o como la habíamos imaginado.

- Aceptar no significa que esa realidad nos guste o que estemos de acuerdo. Significa decirnos a nosotros mismos: «Aquí y ahora, esto es lo que hay, y mi deber es aceptarlo, sea bueno o malo para mí».

- Aceptar tampoco es una llamada a la inacción, al conformismo o al pasotismo. Es solo asimilar que eso ha ocurrido o es así, y no está en nuestra mano, por ahora, cambiarlo.

En este sentido, la práctica de la aceptación estoica es muy similar a la que predica el budismo y la que se enseña desde el Mindfulness actual. Lo veremos a continuación.

¿Por qué es tan importante la aceptación para el estoicismo? Porque una de sus enseñanzas básicas es la de no pelear continuamente con las cosas que no podemos cambiar.

¿Qué debemos aceptar?

- **<u>A nosotros mismos:</u>**

Aceptarnos implica no rechazarnos por cómo somos, ni física ni mentalmente. Aceptarnos significa reconocer que somos vulnerables e imperfectos, que cometemos y cometeremos errores y, aún así, ser dignos de vivir, de ser amados y respetados, y de luchar por nuestros sueños.

- **<u>Nuestra realidad actual:</u>**

La única forma de predisponernos a cambiar algo que no nos gusta es entender por qué no nos gusta y aceptar que eso nos hace sentir mal, pero que, ahora mismo, solo nos queda aceptarlo. Sin aceptación de la realidad no hay cambio posible.

- **<u>Nuestra parte emocional:</u>**

Nuestro físico, nuestros errores y nuestras limitaciones nos provocan emociones continuamente. Aceptar cada una de ellas no significa que estemos encantados con ellas: significa aceptar que no somos dueños de lo que sentimos, solo de nuestra actitud hacia ello.

- **<u>Nuestro pasado:</u>**

Aceptar el pasado no significa estar de acuerdo con lo que ocurrió, claudicar, afirmar que algo injusto fue justo, o hacer como si nada hubiera ocurrido. Aceptar el pasado significa entender que, desde el presente, solo podemos cambiar nuestra actitud. Si eso implica tomar nuevas acciones, estas deben ser fruto de decisiones calmadas, no de sed de venganza o de «recuperar el tiempo perdido». El pasado no se puede cambiar, solo la forma cómo nos afecta.

En el siguiente apartado veremos cómo cambiar nuestra relación con el pasado.

Estoicismo para las heridas del alma

Hemos dicho que uno de los pilares básicos del estoicismo es la aceptación de la realidad que no podemos cambiar. Y una parte de esa realidad es el pasado.

Lo cierto es que, en el momento actual, el pasado no existe: lo que existe son sus secuelas y la forma como nos relacionamos con ellas. Cambiando nuestros pensamientos podremos cambiar nuestras emociones y estaremos dispuestos a soltar o a emprender nuevas acciones.

Para superar el daño que nos hace a día de hoy nuestro pasado, hay distintas técnicas. Una de ellas es la llamada «técnica del distanciamiento», que es actual pero que, como muchas, recoge parte del legado del estoicismo. Vamos a verla.

Si eres como el 90% de las personas, arrastras heridas y traumas del pasado. Hay muy pocas personas que lleguen a la adultez sin haber sufrido cosas que nunca tendrían que haber sufrido, ya sea un padre abusivo, un accidente grave, la muerte de un ser querido, pobreza, miedo, violencia, alguna enfermedad grave o *bullying*.

En muchos casos, la mayoría de nosotros nos lamemos las heridas toda la vida, lamentándonos por lo que nos ocurrió y pensando en la vida que podríamos haber tenido de no ser por ese pasado. Es natural y es humano comportarse así. Pero llega un momento en que hay que levantarse.

Si sigues sin ser capaz de mirar al pasado sin hundirte, si aún lloras a menudo por lo que te hicieron, si sientes rabia, odio o rencor por una injusticia, si no puedes pasar un solo día sin pedirle al mundo que te recompense por aquello, si te pierdes recreando escenas en bucle... Es momento del auto distanciamiento estoico.

¿Qué es el auto distanciamiento?

La idea consiste es realizar una reflexión que permita tomar una perspectiva externa sobre esa experiencia, como si le hubiera pasado a otra persona. ¿Cómo te comportarías si fuera otra persona la que sufriera por ese pasado? ¿Qué le dirías? Mantén un diálogo con esa persona.

- ¿Cómo te gustaría pensar sobre ese pasado dentro de 10 años?

- ¿Algo de lo que has hecho últimamente en relación al pasado ha mejorado la situación? Si es así, céntrate solo en eso.

- ¿Qué pasaría si, por arte de magia, olvidaras ese episodio? Si lo que sientes es vértigo o angustia, significa que estás encadenado a ello, y que aún lo necesitas como seña de identificación. Sigues siendo tu pasado.

¿Puedes repetir la explicación de ese pasado una y otra vez, sin parar? ¿En qué momento quedas anestesiado? ¿Qué sientes entonces?

Suelo proponer este ejercicio a mis pacientes que muestran ira, desesperanza o bloqueo ante ciertos episodios de su propio pasado. No es agradable, pero funciona.

Recuerdo especialmente el caso de Myriam, una mujer joven, muy inteligente y válida, con una autoestima por el suelo y muchos problemas de ansiedad. Seguía atrapada en un episodio de su pasado, donde sufrió un abuso sexual. A pesar de que racionalmente ella *sabía* qué no había tenido la culpa, emocionalmente seguía dándole vueltas a lo que ella podría haber hecho, a si tendría que haber actuado de otra forma, o haberse defendido, etc. Incluso se preguntaba si su vida habría sido distinta de no ser por ese episodio que le provocaba tantos problemas de ansiedad aún en el presente.

Hicimos varias prácticas de auto distanciamiento en las que ella, una y otra vez, sin descanso, explicaba lo mismo, hasta que ya no sentía nada al decirlo. Era una forma de desensibilización ante ese suceso para que no la sobrepasara emocionalmente. También trabajamos su propia identidad y carácter, entendiendo que debían mantenerse intactos al margen de los sucesos. Cuando le hablaba de ser estoica, no era para que los golpes no la afectaran (somos humanos y las cosas nos afectan), sino para que los golpes no la cambiaran. Hay una gran diferencia.

Nunca olvidaremos ciertas cosas del pasado. Pero una cosa es no olvidarlas, y otra cosa es ser esclavos de ella. El estoicismo también es un método válido para no dejarse definir por lo que nos pasó.

Renunciar al control

Un momento: ¿no habíamos dicho que uno de los pilares del estoicismo era el autocontrol?

Sí, es así. Pero aquí estamos hablando de renunciar a controlar lo que no podemos controlar. Es distinto al autocontrol, que es el entrenamiento de nuestra propia capacidad para tomar las riendas de nuestra vida.

Aquí, renunciar al control es sinónimo de dejar ir, de desligarnos de la presión por modelar la realidad a nuestra medida en vez de adaptarnos nosotros a la realidad. Como decía Michel de Montaigne, un pensador humanista del Renacimiento francés: «Al no poder gobernar los eventos, yo me gobierno a mí mismo».

¿Qué cosas escapan a nuestro control? Todas aquellas por las que sería absurdo que alguien nos pidiera cuentas ahora mismo:

- Las acciones de otras personas.

- El futuro.

- Los sucesos naturales o sociales del mundo.

- La meteorología.

- Las enfermedades sobre las que no tenemos poder.

- El universo.

- Los precios globales.

- Etc.

¿Qué cosas sí están en nuestra mano?

- Nuestras decisiones (no el resultado).

- Nuestra actitud.

- Nuestras conclusiones.

- Nuestros pensamientos.

- Nuestras acciones.

- Nuestros hábitos.

Ejercicio para renunciar al control en tu día a día

Basándonos en lo que acabamos de decir, te invito a que realices un ejercicio de renuncia al control desde el punto de vista del estoicismo.

1. Haz una lista de las actividades y sucesos que integraron tu día de ayer, añadiendo un signo + o un signo – junto a cada una en función de si te agradaron o te desagradaron en el momento de realizarlas o de experimentarlas. Por ejemplo: te levantaste a las 6 de la mañana (-); desayunaste (+); fuiste al trabajo (-); te pilló un atasco y luego una tormenta (-); hubo un imprevisto y trabajaste dos horas más de lo que debías (-), te compraste un capricho (+), paseaste con tu pareja (+), etc.

2. Vuelve a la lista y decide cuáles de esas cosas podrían cambiar, ya sea gracias a ti o a acontecimientos externos. Por ejemplo, si no te sientes bien desayunando bollería

industrial, ¿está dentro de tu control cambiarlo? Y si no te gusta tu trabajo, ¿puedes dejarlo ahora mismo, asumiendo las consecuencias económicas?

3. De todo lo que te gustaría cambiar y ahora mismo no puedes, ¿hay alguna actitud o pensamiento que podría ayudarte a llevarlo mejor? Si sientes frustración, ¿está en tu mano tratar de verlo de otra manera para dejar de sentir malestar?

4. Enfócate en cambiar lo que puedes y quieres. Traza un plan para cada acción y llévalo a cabo de forma serena y en orden para no fracasar en el intento. Deja de lado los «ojalá», y las cosas que preferirías que fueran de otra manera, pero que ahora no merece la pena atenderlas.

5. Cambia tu actitud hacia todo lo demás y presta más atención a lo que te produce emociones agradables.

Este ejercicio requiere práctica. Si lo realizas a menudo, con el tiempo podrás hacerlo mentalmente casi sin esfuerzo, y te servirá como guía en tu día a día. Con ello, también aprenderás:

- A identificar lo que sí y lo que no está en tu mano a cada paso que das.

- A soltar lo que no puedes controlar.

- A relativizar tus «desgracias». Verás que tu vida no es un camino de espinas, sino de rosas y de oportunidades, con algunas espinas.

- A potenciar tus propios recursos ante situaciones que no te gustan.

- A confiar más en tu capacidad de cambio y crecimiento.

Cuanto más te centres en tu propia responsabilidad en los actos que realizas y las decisiones que tomas –cuanto más controles tu voluntad–, menos torturado estarás por las cosas que no están en tus manos.

Estoicismo, Mindfulness y Vicktor Frankl

Para mucha gente, el descubrimiento del Mindfulness ha sido la solución para aprender a aceptar lo que no está bajo su mando. Lo curioso es que la aceptación desde el Mindfulness y la aceptación desde el estoicismo son muy similares, solo su forma de «entrenar» es distinta.

Por eso, vamos a repasar brevemente en qué consiste el Mindfulness, una técnica que tiene más de 2.500 años de historia, ¡anterior incluso a la aparición del estoicismo!

El Mindfulness es un método de entrenamiento mental para la gestión de emociones, pensamientos y acciones. Mediante su práctica logramos poner nuestro dolor y nuestro estrés bajo control. ¿Cómo lo hace? Centrando la atención en el espacio temporal que hay entre el estímulo (la realidad) y nuestra respuesta (lo que podemos controlar).

El Mindfulness invita a no juzgar la realidad desde la emoción, sino a observarla desde la neutralidad. Esa neutralidad no se debe a que somos robots sin sentimientos, sino a que somos conscientes de hasta dónde llega nuestra capacidad para controlar lo que sucede a nuestro alrededor.

Sin saber nada de Mindfulness, así lo resumía también el psiquiatra Viktor Frankl[9]:

«Entre el estímulo y la respuesta hay un espacio. En ese espacio es donde podemos elegir nuestra respuesta. En nuestra respuesta reside nuestro crecimiento y nuestra libertad».

---

[9] Viktor Frankl fue un importante neurólogo y psiquiatra austríaco que sobrevivió a tres años de cautiverio en campos de concentración nazis. Su experiencia lo llevó a escribir *El hombre en busca de sentido*.

Suelo citar a Viktor Frankl en mis libros por su doble enseñanza, como psiquiatra y como superviviente de campos de exterminio nazis. Aquí lo menciono porque él mismo adoptó el estoicismo como método de supervivencia durante su terrible experiencia en Auschwitz sin ser del todo consciente de ello (ya he dicho que muchos de nosotros adoptamos prácticas estoicas sin saberlo).

Para Viktor Frankl, las personas no son lo que les pasa. Su voluntad de sentido, sus valores, su libertad de pensamiento, van más allá de lo les ocurre, y deben mantenerse por encima de toda circunstancia exterior.

Llevando las enseñanzas de Viktor Frankl a nuestra vida diaria, déjame hacerte una pregunta: Si él aceptó perderlo todo en los campos de concentración, donde también asesinaron a toda su familia, incluida a su mujer embarazada, ¿qué no puedes aceptar tú?

Cada vez que la vida me golpea a mí o a mis pacientes, me repito las palabras que él dirigía a sus compañeros prisioneros: «Sea lo que sea lo que le hayan quitado en su llegada al campo de concentración, hasta el último suspiro nadie les puede quitar la libertad de enfrentarse de una u otra manera a su destino. Y siempre hay una u otra manera».

Terapia de Aceptación y Compromiso

La Terapia de Aceptación y Compromiso (ACT, por sus siglas en inglés, *Acceptance and Commitment Therapy*) fue un método desarrollado por el psicólogo clínico estadounidense Steven C. Hayes en la década de 1980. Se usa para aceptar las experiencias traumáticas del pasado o las vivencias difíciles actuales, y se basa en redirigir a la persona hacia sus propios valores y personalidad, y no hacia lo que le ocurre o ha ocurrido.

Como ves, es un abordaje similar al que propone el estoicismo, y el objetivo es siempre el mismo: aprender a aceptar lo que no se puede cambiar.

Mediante la Terapia de Aceptación y Compromiso, se anima a las personas a tomar conciencia plena de sus pensamientos, emociones y circunstancias presentes o pasadas sin luchar contra ellas. Una vez conscientes de ello, esta terapia busca que los pacientes se comprometan a actuar según sus propios valores, objetivos y forma de ser; y no según esas experiencias o vivencias estresantes. Es decir: les invita a seguir con su camino como si esa circunstancia no existiera o, mejor, a pesar de ello. ¿Qué harías si ese hecho trágico no te hubiera golpeado? ¿En qué medida puedes hacer lo mismo ahora, dadas las circunstancias?

Si te haces esas preguntas, te darás cuenta de que te puedes acercar mucho más de lo que crees a lo que te gustaría hacer o sentir, y ahora crees que no puedes debido a tus circunstancias.

Resumen del capítulo

- Una de las máximas del estoicismo es aceptar lo que no podemos controlar.

- Aceptar no significa que estemos de acuerdo: significa no negar la evidencia.

- Cuantas más cosas aceptemos de nosotros mismos y del entorno, menos energía gastaremos en «pelearnos» con la realidad.

- El pasado es una de las cosas más difíciles de aceptar, puesto que el 90% de la gente arrastra traumas, y experiencias negativas que no se han superado.

- El auto distanciamiento consiste en dar una perspectiva externa a la propia experiencia, como si le hubiera pasado a otra persona.

- La Terapia de Aceptación y Compromiso invita a las personas a seguir con su camino como si su pasado doloroso no existiera o, mejor, a pesar de él.

Practica la moderación

«Nadie tiene el poder de poseer todo lo que desea, pero está en sus manos no querer lo que no tiene y utilizar de la mejor manera posible lo que sí tiene.»

— Séneca

Los estoicos daban mucha importancia a la moderación, de ahí su fama de aguafiestas. La moderación es esa especie de freno mental que no nos permite pasarnos de la raya. ¿Por qué ir con el freno puesto? ¿Por qué no llevar las cosas al extremo si eso nos produce placer? Porque la felicidad se logra a través de la moderación, no del exceso. Vamos a verlo.

Según el estoicismo, el objetivo último del ser humano es la felicidad (entendida como virtud o excelencia). La felicidad se alcanza por medio de la moderación (el autocontrol), y ésta se basa en las conductas equilibradas, las que están en el punto medio entre exceso y defecto. Para los estoicos, las cosas no son buenas ni malas en sí, sino que es el uso que les damos lo que puede ser virtuoso o inapropiado.

Moderación significa, básicamente, equilibrio. Pasado a nuestra época, para nosotros sería lo contrario a cosas y conductas como:

- Las compras impulsivas.

- Las discusiones a gritos, la violencia.

- El exceso de comida o bebida.

- La pereza.

- La ambición descontrolada.

- El hedonismo o exceso de gratificación instantánea.

- Etc.

En cuanto a la felicidad, hay que diferenciarla de la gratificación instantánea, el hedonismo o la satisfacción de deseos mundanos. ¿Cuál es la diferencia entre la «verdadera» felicidad y los «parches» de placer a los que sucumbimos?

La principal diferencia entre hacer algo por nuestra felicidad y hacerlo al margen de la búsqueda de la virtud es el *feedback* a medio o largo plazo que obtenemos. Todo lo que hacemos en pro de la felicidad o excelencia, a la larga nos sigue satisfaciendo (incluso si es un capricho). Todo lo que hacemos sabiendo que se desvía de la virtud termina avergonzándonos. Si vamos a una fiesta en vez de quedarnos en casa a estudiar para un examen, ¿cómo nos sentiremos el día del examen respecto a esa decisión? ¿Salir de fiesta fue una decisión basada en la búsqueda de la felicidad permanente o del placer inmediato?

Cuando les hablo de esto a mis pacientes, enseguida se muestran dispuestos a moderarse. Sin embargo, pronto me doy cuenta de que se dedican a «moderarse» en cosas que no les suponen ningún sacrificio, es decir, que su renuncia es un parche. En cambio, dejan semi oculto aquello que sí les supone un gran problema: las microadicciones, la procrastinación, las reacciones desproporcionadas en según qué contextos, etc.

Una de mis pacientes, Denise, empezó enseguida a moderar sus hábitos en relación a un montón de excesos: comida, distracciones con el móvil, gastos superfluos, etc. No le costó apenas esfuerzo. Sin embargó, se guardó algo, algo demasiado fuerte contra lo que ni siquiera se atrevía a pensar en enfrentarse: su abuso del alcohol, que ella camuflaba bajo el manto de «vivir la vida», «disfrutar de un buen vino», «alegrarse por los pequeños momentos», «relajarse», etc. Ella misma se delataba cuando hablaba de su relación con el alcohol, quitándole importancia.

Con Denise, tuvimos que hacer un trabajo de autoconocimiento y de honestidad: Denise tenía que dejar de engañarse a sí misma y aceptar (que no mortificarse por ello), que su relación con el alcohol le suponía un problema. Y no porque bebiera muchísimo, en absoluto, sino porque no era dueña de ese impulso.

Te invito a que realices tu propia lista de actitudes, conductas y actividades que están desequilibradas, es decir, que en una o varias ocasiones escapan a tu control y se vuelven excesivas o impulsivas. Por ejemplo: dedicar un par de horas un domingo por la tarde a un videojuego puede ser moderado, si era eso lo que te habías planteado. Hacerlo toda la tarde y quedarte jugando hasta la madrugada, no lo es.

Las cuatro virtudes cardinales

A pesar de que la palabra «virtud» tiene connotaciones místicas y religiosas, ya hemos visto que, para los estoicos, es una forma de llamar a la excelencia moral, a la paz de espíritu y/o a la felicidad.

Para los estoicos, todas las virtudes son importantes (la lealtad, la paciencia, la tolerancia, la caridad, la generosidad, la prudencia, etc.), pero hay cuatro de ellas que son imprescindibles para convertirse en un hombre o mujer realmente virtuoso/a:

1. **La sabiduría práctica**: Lo que los griegos llamaban *phrónesis*. Es el conocimiento a partir de la experiencia y el sentido común (no el saber teórico). En palabras de Marco Tulio Cicerón: «No basta con alcanzar la sabiduría, es necesario saber utilizarla». La *phrónesis* es lo que nos permite:

   - Determinar la mejor decisión en cada situación particular.

   - Elegir adecuadamente los pensamientos y la actitud con los que convivimos.

   - Interpretar los problemas de forma realista.

   - Identificar las oportunidades.

2. **La templanza**: Esta virtud se logra con fuerza de voluntad y una buena gestión de las emociones. La templanza es lo que nos permite:

- Frenar la impulsividad.

- Dar valor a los placeres de la vida, entendiendo que son momentáneos y que requieren sacrificios.

- Mantener la necesidad de atención y egoísmo (ego excesivo), a raya.

3. **La justicia**: Para los estoicos, la justicia es un bien en sí mismo y se define como «una fuerza cívica que subyace en una sociedad sana». La justicia no se practica para evitar el castigo, ni para ser adulado por los demás: se hace por responsabilidad personal, porque lo pide la virtud. Ser justo pasa por:

- Ser un buen ciudadano.

- Ser capaz de liderar con equidad y transparencia, no con crueldad ni abuso de poder.

- Ser capaz de trabajar en equipo (sí, los estoicos ya valoraban la importancia de ser un buen compañero de trabajo).

- Cuidar las relaciones personales, respetando siempre al otro.

- Ante la injusticia de otros, actuar con integridad, no por venganza.

4. **El coraje**: El coraje es la virtud de seguir haciendo lo que es correcto a pesar de las circunstancias. Hacer algo justo en condiciones normales es fácil, hacerlo en condiciones adversas requiere valentía. Esa valentía es necesaria sobre todo para:

- Frenar el propio ego cuando se cometen errores.

- Aceptar la renuncia cuando sea inevitable.

- Encajar las críticas.

- Superar los propios límites para crecer.

- Dejar ir el pasado.

- Dar la cara en situaciones de crisis.

- No tenerle miedo al futuro.

Ejercicio para acercarte a las cuatro virtudes cardinales

Hemos visto que, para el estoicismo, la persona virtuosa es la que es sabia, reflexiva (calmada), justa y valiente en cualquier situación. ¿Te identificas con estas cualidades?

Te invito a que reflexiones sobre ello, pensando en alguna ocasión que hayas tenido esta misma semana que te haya brindado la oportunidad de ser sabio, justo, valiente o calmado (con templanza). En esa ocasión, ¿has aprovechado para comportarte de esa forma? Si no es así, ¿por qué crees que ha sido? ¿Estás dispuesto a hacerlo la próxima vez?

Ejercicio de moderación

Para practicar la moderación y alejarse de las tentaciones, los estoicos a menudo se ponían a prueba a sí mismos mediante prácticas de privación, es decir, renunciando temporalmente a disfrutar de algo que les gustaba.

¿Qué sentido tenía eso? ¿Lo hacían para amargarse la vida? No, lo hacían para entrenar su fuerza de voluntad en la moderación (su autocontrol) y, sobre todo, para valorar las cosas que sí tenían y que muchas veces pasaban desapercibidas.

Te propongo que hagas lo mismo:

1. Elige una actividad que te guste, algo que te relaje o que te divierta: puede ser una comida, un rato de entretenimiento a través del móvil, un rato de televisión por la noche, una cerveza al volver del trabajo, calzar tus mejores

zapatillas deportivas, etc. Debe ser algo NO esencial, por supuesto.

2. Decide cuánto tiempo vas a estar sin esa actividad o pequeño placer: un par de días, una semana, dos meses.

3. Prepárate mentalmente para lo que vas a hacer: recuerda que lo haces de forma voluntaria y que es temporal.

4. Empieza tu período de renuncia. Si es más fácil para ti, sácalo de tu vista: guarda las deportivas en un sitio donde no las veas a simple vista, retira la cerveza de la nevera, etc.

5. Observa cómo te sientes. ¿Te está siendo fácil o difícil? ¿Escuchas los mensajes de tu propio cerebro diciéndote que estás haciendo una tontería y que este ejercicio no sirve de nada?

6. Termina tu periodo de renuncia y saca conclusiones. ¿Has logrado cumplir el reto? ¿Has aprendido algo de ti mismo?

Moderación en la era del consumismo

«Las cosas que posees terminan poseyéndote.»
Joshua Fields Millburn[10]

Es momento de hablar de la moderación en un aspecto que sí ha cambiado bastante de la Antigüedad hasta ahora: la capacidad de poseer cosas.

Vivimos en la era del consumismo. Compramos y poseemos infinidad de cosas, pese a que la mayoría de ellas no nos hacen felices y las obtenemos a costa de nuestro tiempo y, a veces, de nuestra salud. Además, compramos y consumimos de forma compulsiva, como verdaderos drogadictos, ya que continuamente sentimos la necesidad de buscar y adquirir cosas nuevas y deshacernos de las viejas (o peor: ¡acumularlas en casa!). En esta dinámica, nada

---

[10] Autor, creador y divulgador del Minimalismo junto a su compañero Ryan Nicodemus. Nació en 1981 en una familia pobre y desestructurada de Ohio, y pasó buena parte de su juventud tratando de ganar el máximo de dinero posible para ser feliz. No resultó y dio un cambio radical que diera sentido a su vida.

nos satisface durante demasiado tiempo, así que enseguida volvemos a la carga en busca de ese chute de dopamina[11] que nos produce comprar.

Por suerte, ya hace tiempo que algunas iniciativas sociales y corrientes de pensamiento promulgan el consumo responsable, no solo para con el planeta, sino también por nuestra propia dignidad. Estas corrientes han demostrado que la felicidad se alcanza con menos cosas, y que una vida con sentido y con propósito, una vida auténtica, pasa inevitablemente por romper las cadenas de lo material.

«No es el hombre que tiene muy poco, sino el hombre que anhela más, el que es pobre.»

Séneca

---

[11] La dopamina es la hormona que se relaciona con la sensación de felicidad y de recompensa. Nuestro cerebro no distingue cuándo esa dopamina es fruto de una buena acción y cuándo es fruto de un impulso, por lo que la experiencia es similar.

Los minimalistas o los nuevos estoicos

Una de estas corrientes es la de los minimalistas, que nació en Estados Unidos de la mano de dos exejecutivos de éxito. Hablo a menudo de ellos, porque me parecen un ejemplo a seguir.

El Minimalismo nació hace una década, cuando, a sus treinta años, los amigos Joshua Fields y Ryan Nicodemus dejaron atrás sus altos sueldos en empresas de primera línea, se deshicieron de sus posesiones (que eran muchas y muy caras), y decidieron mantenerse solo con lo que era esencial para ellos. Ello les permitió reparar sus vacíos existenciales, descubrir quiénes eran realmente y centrarse en lo que de verdad consideraban importante: sus objetivos vitales, su familia, su amor, su dignidad, su alegría.

En un país (Estados Unidos) donde se equipara felicidad y dinero; y donde cada casa acumula miles de dólares en cosas que se adquieren y no se usan, los minimalistas encontraron la felicidad en la moderación de una forma parecida a cómo lo habría hecho Zenón de Citio hace 2.300 años.

¿Cómo podemos acercarnos nosotros a un estilo de vida más minimalista, es decir, estoico? En realidad, es mucho más sencillo de lo que parece. Basta con observar nuestro comportamiento como consumidores y dar un vistazo a nuestro alrededor: ¿cuántas de las cosas que compramos son necesarias o nos producen verdadera felicidad? ¿Cuántas compramos por «estar a la altura» de los demás, por impulsos, por aburrimiento, por adicción, para no «quedar atrás», por presumir, para obtener amor o aprobación...?

«Un estilo de vida minimalista implica ser consciente de las cosas que poseemos, las cosas que compramos y cómo invertimos nuestro

tiempo.»

Francine Jay 12

Cómo replantearte tus hábitos de consumo

Aquí van algunas ideas sacadas o inspiradas en los aprendizajes de los minimalistas:

- Antes de comprar algo, espera el tiempo que equivale a la cifra de su precio: si vale 30 €, espera 30 horas antes de comprarlo. Es posible que pasado ese intervalo de tiempo ya no te parezca tan importante poseer eso. Y si vale 500 €, espera 500 horas. Si, pasados 20 días, sigues creyendo que lo necesitas y que va a contribuir a tu crecimiento, entonces cómpratelo.

---

[12] Francine Jay (Estados Unidos, 1990), también conocida como Miss Minimalist es la autora de *The Joy of Less*.

- Deja de acumular cosas en tu casa: cada vez que compres algo nuevo, deshazte de algo. Si algo entra, algo debe salir.

- Haz listas de compras y respétalas.

- Sé materialista, es decir: valora cada objeto exactamente por lo que es, y no le otorgues «poderes mágicos».

- Recuerda que la mayoría de las cosas que compras cada mes son enseres fabricados quién sabe donde por gente explotada.

- Deja de visitar las páginas web para «estar al día» de las tiendas donde más gastas: material de deporte, guitarras, ropa, centros de belleza, etc.

- Ojo con las rebajas: realmente, ¿te habías planteado comprar eso antes de verlo anunciado?

- Evita toda la publicidad que puedas: *newsletters* de novedades tecnológicas, suscripciones a servicios y tiendas que bombardean propaganda, etc.

- Compra pensando en tus necesidades, no en los demás. Deja de comprar para impresionar, para «estar a la última», para imitar a tus ídolos, etc.

- Pasa el precio de cada cosa que compras por capricho a horas de trabajo. ¿Cuántas horas de tu trabajo vas a necesitar para adquirir eso? ¿Merec la pena?

- Fiestas, cumpleaños, Navidad: trata de negociar con la familia o los amigos para limitar el gasto.

- Haz regalos conscientes y no solo para cumplir. La gente valorará más que hayas pensado en cómo alegrarla con un detalle que con un objeto impersonal.

- Vacaciones: antes de decidir tu próximo viaje al destino de moda pensando en sacar las mejores fotografías para tus redes sociales, recuerda para qué sirven las vacaciones.

Resumen del capítulo

– Según el estoicismo, el objetivo último del ser humano es la felicidad entendida como virtud o excelencia.

– La felicidad se alcanza por medio de la moderación (el autocontrol), y esta se basa en las conductas equilibradas.

– Para nosotros, las conductas equilibradas pasan por evitar violencia, compras impulsivas, la ambición desmedida, la pereza y la gratificación inmediata, entre otras.

– Los estoicos consideraban estas cuatro virtudes humanas imprescindibles: justicia, templanza, coraje y sabiduría práctica.

– Una buena manera de practicar la moderación es modificar nuestros hábitos de consumo en pro de una vida con más significado.

Domina tus emociones

«El estoicismo trata de la domesticación de las emociones, no de su eliminación.»

— Nassim Nicholas

Ya hemos dicho que las emociones son inevitables y que aparecen sin nuestro consentimiento. Aprender a lidiar con ellas es un trabajo de autoconocimiento necesario y que todo ser humano debería realizar, al margen del estoicismo.

Hoy día mucha gente sigue sin aceptar sus propias emociones por vergüenza, miedo o sensación de vulnerabilidad. Y eso es especialmente contraproducente con las emociones extremas, es decir, las que no nos sirven como información, sino que nos superan y nos arrastran a tomar malas decisiones.

¿Por qué sentimos emociones?

Las emociones son información de nuestra situación en el mundo, y su función es adaptativa, es decir: nos ayudan a mantenernos a salvo. El fin último de cada emoción es guiarnos y protegernos de lo que el cerebro considera un mal mayor. Las emociones que consideramos agradables o positivas nos indican que «todo va bien», o que «vamos por el buen camino»; mientras que las emociones negativas nos alertan de un peligro inminente. Este peligro puede ser real o solo percibido, ya que lo que revelan las emociones negativas o «molestas» es que se está dando un desacuerdo entre nuestras creencias sobre cómo debería ser una determinada realidad o circunstancia, y cómo está siendo en verdad esa realidad.

Los humanos somos capaces de sentir más de cien emociones distintas: alegría, tristeza, ira, sorpresa, miedo, amor, odio, ternura, asco, culpa, euforia, gratitud, rencor, vergüenza, envidia, esperanza, aversión, frustración, confianza, celos, admiración... ¡Nunca podremos acallarlas todas!

Estoicismo para las emociones

Lo que predica el estoicismo mediante la defensa del autocontrol o la templanza es, en realidad, la gestión de todas estas emociones, especialmente las que no son adaptativas. ¿Qué son las emociones no adaptativas? Las que, por exceso de intensidad, no ayudan, sino que entorpecen. ¿Has sentido alguna vez unos celos abrasadores? ¿Ira? ¿Una envidia desmedida? ¿Has actuado de forma inapropiada o impulsiva por su culpa? Pues son esas emociones las que más necesitan ser atendidas.

«Cuando digo controlar las emociones, quiero decir las emociones realmente estresantes e incapacitantes. Sentir emociones es lo que hace rica nuestra vida.»
Daniel Goleman

¿Por qué es tan importante saber regular las emociones? Hay muchos motivos, pero aquí te dejo uno tan importante como ignorado: lo que tú no seas capaz de controlar de ti mismo queda expuesto a que lo controlen los demás. Y si los demás te controlan... ¡Nunca serás el principal beneficiado!

Estoicismo = inteligencia emocional

Lo que defiende realmente el estoicismo es lo que, veintitrés siglos más tarde, hemos venido a llamar «inteligencia emocional». Vamos a recordar en qué consiste.

La inteligencia emocional es la habilidad para identificar nuestras emociones y las de la gente que nos rodea con el fin de usarlas como información para conocer el punto en el que nos encontramos. De esa forma, nos preparamos para actuar de la mejor forma posible en cada situación. A todos nos gusta sentir alegría y esperanza, pero si nos enfrentamos a un perro violento, preferiremos experimentar emociones intensas y desagradables que nos avisen de que hay que salir corriendo.

Por otro lado, gran parte de nuestro malestar emocional proviene de situaciones en que actuamos en contra de nuestros propios intereses o nuestra dignidad para evitar el conflicto. También lo hacemos para obtener la aprobación de alguien. Es ahí donde nuestro cerebro primitivo se rebela y nos envía malestar para que reaccionemos.

Cómo actuar estoicamente ante las emociones que nos sobrepasan

La ira, la envidia, los celos, la culpa, la vergüenza... son emociones que tienden a descontrolarse. Como ya hemos dicho, no son peligrosas en sí, pero sí lo son cuando nos movemos inducidos por ellas, ya que nuestros actos entonces son impulsivos, deshonestos, irreflexivos o egoístas.

> *«La culpabilidad, la vergüenza y el miedo son los móviles inmediatos del engaño.»*
> Daniel Goleman

Lo primero que debemos hacer es entender por qué han surgido y qué quieren decirnos esas emociones exageradas. Vamos a ver las 4 más habituales: ira, celos, envidia y culpa.

1. La ira, una fuerza sin timón

La ira es una oleada de indignación que nos invade y que manifestamos mediante actos violentos, como puede ser gritar, amenazar, traspasar límites físicos, etc. Así la definían los estoicos: la ira es una pasión irracional que perturba nuestra tranquilidad mental y nos aleja de la virtud.

La ira no es una emoción que aparece de la nada, sino que es la explosión final de una olla a presión que ha estado ignorada demasiado tiempo.

¿Qué indica realmente la ira? Indica que una situación se ha vuelto insoportable. El problema es saber qué es lo que ya no soportamos para evitar descargar contra la persona equivocada.

Por ejemplo: cuando un miembro de nuestra familia nos falta al respeto de forma continuada, nuestra ira solo nos indica que ya hemos tragado suficiente. El problema es encontrar la forma correcta de actuar ya que, si la ira se vuelve incontrolable, terminaremos haciendo algo en contra de nuestros propios intereses. Acabaremos siendo los malos de la película. Tampoco podemos reprimirla porque, cuanto más nos empeñemos en «no pensar en ello», más fuerte nos empujará la ira a actuar.

¿Cómo se trata la ira desde el estoicismo? Lo vemos a continuación.

El estoicismo y la piedra gris

La piedra gris es una técnica para tratar con gente tóxica y evitar que nos saque de quicio, es decir, evitar que se prenda la mecha de la ira. Todos conocemos a alguien que «nos puede», alguien conflictivo o manipulador: un narcisista encubierto, alguien que disfruta haciendo estallar a los demás, etc. La clave de esta técnica es ser consciente de lo que esa gente está intentando y RESPONDER EN VEZ DE

REACCIONAR. Se trata de no dar la atención o la pelea que buscan.

> *«La educación emocional es la habilidad de escuchar casi cualquier cosa sin perder tus estribos y tu autoestima.»*
> Robert Frost

Cuando la «pelea» empiece, no entres en su juego: baja el volumen de tus emociones al responder y conviértete en una aburrida y nada interesante piedra gris:

- Contesta con expresiones neutras («es posible», «ajá», «pensaré en ello», etc.).

- Sé ambiguo: intenta que el otro no sepa por dónde vas a salir o qué pasa por tu cabeza.

- No des tu opinión a menos que estés obligado, y nunca de forma emocional.

- Si la otra persona sube el nivel de agresividad, contéstale sin inmutarte: «Siento que digas esto...», «¿A qué te refieres con que yo terminaré mal?», etc.

Al principio te sentirás falso y la otra persona lo notará. Pero si continúas, ganarás la batalla. Cuando el otro vea que no puede aprovecharse, pasará de largo.

> *«Me río de los que piensan que pueden dañarme. No saben quién soy, no saben lo que pienso, ni siquiera pueden tocar las cosas que son realmente mías y con las que vivo.»*
> Epicteto

2. Los celos, un veneno como pocos

Aunque suelen confundirse, celos y envidia no son lo mismo: mientras la envidia es el deseo de algo que no se tiene, los celos son el miedo a perder algo que sí se tiene.

sentimos celos? Sienten celos los
lo ven que su mamá es mimosa con su
; los perros cuando su amo acaricia a
ro y la mayoría de las personas cuando
e su pareja despierta el interés de terceros.

En una ocasión tuve como paciente a Mario.
a un hombre de 40 años, acabado de divorciar,
que no podía soportar los celos que le provocaba
la nueva pareja de su exmujer. Decía cosas como:
«No es justo», o «Con todo lo que yo le he dado a
ella», o «No puedo soportar imaginármelos
juntos».

Usé algunos recursos del estoicismo para
trabajar con él, especialmente para romper el
apego que sentía hacia su exmujer de forma
objetual, es decir, considerándola un objeto que
alguien le ha robado injustamente, y no lo que
era: un ser vivo y adulto que tomaba sus propias
decisiones y elige a quién amar. «¡Es que se está
equivocando!», insistía Mario. Y yo le decía que
eso ya no era problema de él.

Lo que hagan los demás libremente no pue[ser nuestra responsabilidad.

En el fondo, los celos solo son el miedo a que *alguien mejor* que nosotros nos quite lo que tenemos en términos de amor y atención. Pero la triste realidad es que siempre habrá alguien mejor que nosotros: más listo, más guapo, más ingenioso, más sincero. Y nuestra pareja, o nuestra madre, o quien sea, tiene derecho a decidir a quién dar su amor. ¿Cómo mantener los celos a raya entonces? Aquí van algunas ideas que nos pueden ayudar:

- Trabajar la verdad que esconden los celos: ¿Qué es lo que nos hace sentir inferiores? ¿O es que arrastramos rencor y no somos capaces de confiar en nadie?

- Entender que nadie está obligado a darnos su amor para siempre. Amar es un acto voluntario y se da en condiciones de libertad.

- Recordar que nuestra pareja puede dejarnos por otra persona, igual que nuestra madre puede preferir a nuestro hermano. Es muy doloroso, pero el amor no se puede forzar.

- Entender que también nosotros somos libres de querer o no querer a alguien[13].

Los celos no sirven para nada. La gente está en su derecho a querer a otros. Si nuestra madre siempre ha preferido a nuestro hermano, es momento de dejar de competir y buscar alternativas para construir amor en otra parte.

3. La envidia, el termómetro de insatisfacción

La envidia es la impotencia por no poseer algo que deseamos y que otras personas sí tienen. Detrás de la envidia lo que hay es una autoestima

---

[13] Aquí no defiendo la falta de compromiso o el egoísmo: digo que nadie nos pertenece.

herida y una visión victimista de la justicia. Todos los pacientes con los que he trabajado y que han reconocido sentir envidia, me han dicho lo mismo: «¡Es que no es justo que a aquel/la le vayan mejor las cosas que a mí!».

No, tal vez no sea justo, pero la realidad no es justa ni perfecta. El problema de no saber gestionar la envidia es que deja nuestro bienestar en manos de los demás: cuando al compañero al que envidiamos le salen bien las cosas, nos frustramos, y cuando le va mal, sentimos placer. Si nuestro bienestar depende de él, estamos regalando la llave de nuestro propio bienestar a los demás.

La envidia se puede dominar. Cuando nos aborda, podemos preguntarnos:

- ¿Qué es lo que me cuesta aceptar? ¿Es la carencia de algo, o es ver que el otro lo tiene? Si esa otra persona no lo tuviera, ¿nos sentiríamos mejor, aunque nosotros tampoco tuviéramos eso?

-   ¿Por qué sentimos que él/ella no lo merece y nosotros, sí?

-   ¿Y por qué, si tanto lo merecemos, no lo tenemos? ¿De quién depende?

-   ¿Podemos hacer algo para obtenerlo?

Si la respuesta a la última pregunta es un «sí», la solución está en nuestras manos. Si es «no», hay que aceptar que, aunque tal vez sí merecemos algo, el mundo no siempre actúa justamente.

4. La tortura de la culpa

Otra emoción altamente invalidante es la culpa. La culpa es el dolor que sentimos por saber que, en cierta ocasión, no actuamos correctamente, aunque pudimos hacerlo. La culpa es contraria a nuestro bienestar emocional: nadie puede estar en paz consigo mismo si lo está devorando la culpa, y no se crece hasta que no se supera.

La culpa también es una tentadora oportunidad para los manipuladores: en relaciones tóxicas, es frecuente que la persona aprovechada plante la semilla de la culpa en los otros para explotarlos. Por eso, tanto si la culpa es personal como si es inducida por otra persona, hay que saber dónde acaba nuestra responsabilidad y asumir la parte que toca.

Cinco pasos para asumir nuestra culpa:

1. Admitir nuestra responsabilidad sin excusas ni atenuantes, ante nosotros mismos y ante los perjudicados.
2. Tratar de entender qué era lo que esperábamos conseguir con ese acto.
3. Pedir perdón sin justificaciones a las personas que perjudicamos. No vale decir: «Lo siento, es que yo soy así».

4. Hacer todo lo posible para reparar el daño causado sin esperar nada a cambio. Asumir el coste por nuestra parte en tiempo, dinero o vergüenza. Si asumir la culpa no nos supone absolutamente ningún sacrificio, no lo estamos haciendo bien.

5. Prometer no repetir ese acto, y cumplir esa promesa.

Quizás seguiremos sintiendo culpa, o quizás no nos perdonarán. Pero el malestar disminuirá.

Cómo decir «no» de forma estoica

A veces, hay que negarse a peticiones, propuestas o soluciones a conflictos con los que no estemos de acuerdo: ¿Cómo se dice «no» cuando hay carga emocional? ¿Cómo negarnos sin sentirnos culpables? Nuevamente, podemos recurrir al estoicismo para mantener el autocontrol y la firmeza:

- Antes de decir «no», debemos asegurarnos de haber entender la petición. Si esta es deshonesta, abusiva o injusta, no hay que enfadarse ni ofenderse por ello: es mejor un «no» impasible que una larga discusión.

- Antes de expresar la negativa, debemos hacer una reflexión personal: ¿por qué nos negamos? ¿Es una negativa honesta o lleva implícito rencor, desafío, etc., por nuestra parte? ¿Cambiaría nuestro «no» si se negociaran algunas condiciones?

- Hay que anunciar nuestra negativa con educación, pero sin miedo: «He estado pensando en tu propuesta y he decidido rechazarla por x motivo»; «Entiendo la propuesta, pero no va conmigo / no me va bien ahora, no estoy preparado», etc.

- Al decir «no», podemos explicar nuestras razones o no hacerlo. Estamos en nuestro derecho a no justificarnos: ser sincero no siempre pasa por sobre explicar o tratar de convencer al otro de nuestro punto de vista.

- Si consideras que merece la pena, puedes ofrecer alternativas. Si abres una negociación, deja claro que la respuesta a la propuesta inicial es «no». La negociación es sobre otras opciones, no una puerta abierta a la manipulación.

- Si te comunicas de forma educada, cómo reaccione el otro ya no es tu problema.

- Si no hay aceptación por la otra parte, solo insiste en tu «no». No añadas razones. Por ejemplo: «Como te decía, ya he decidido sobre este punto». Si insiste, reitera tu posición: «Me entristece que quieras convencerme sin respetar mi libertad de elección».

- Si hay amenazas por su parte, ignóralas ante esa persona (luego reflexiona sobre ello), y sigue con tu «no».

- Cuando consideres que está claramente expresada tu postura, deja la conversación.

No acuses a la otra persona de querer manipularte, coaccionarte, etc., aunque sea así.

Si lo haces, el otro lo negará, te pedirá explicaciones y la discusión derivará hasta que tú cedas. No tienes que explicar tu negativa.

¿Y si la otra persona busca pelea? En casos donde no hay actitud de concordia, una correcta gestión de la situación pasa por:

- Mantener la calma: No dejarnos llevar por la provocación o las faltas de respeto.

- Hablar en voz baja y lentamente a pesar de los gritos de la otra persona.

- No cambiar de opinión ni ceder para «evitar mayores conflictos».

- Autoafirmar mentalmente nuestro derecho al respeto sean cuales sean nuestras convicciones y sentimientos.

- Anunciar los límites. Por ejemplo: «Si continúas gritando, entenderé que quieres hacerlo y no te interesa buscar una solución».

- Marcharnos del lugar.

Estoicismo contra la ansiedad

Aunque la ansiedad da para libros enteros, es importante hacerle un hueco aquí para ver cómo se lidia con ella desde el estoicismo.

La ansiedad no es más que nuestro cerebro primitivo enviándonos mensajes de alarma. Cuando hay ansiedad descontrolada o ataques de pánico, lo que hay es un sistema nervioso sobrepasado, vinculado a situaciones del pasado donde no supimos o no pudimos defendernos.

Es absurdo ignorar la ansiedad o enterrarla con ansiolíticos sin hacer trabajo terapéutico. ¿Qué estrategias tenemos entonces?

1. Hablar con la ansiedad: Escuchar la ansiedad significa darle la importancia que tiene como mecanismo de defensa. Una técnica que suele funcionar es tratarla como la mensajera que es y hablar con ella. Por ejemplo, decirle: «Entiendo que estés aquí, pero no te necesito», o «Sé lo que quieres decirme, pero no te preocupes, soy consciente de ello y estoy al mando».

2. Demostrarle que tú puedes: La ansiedad es tu propia inseguridad diciéndote que no tú puedes hacerlo. Demuéstrale que sí puedes acumulando pequeñas victorias que te den confianza en ti mismo.

3. Dejar de actuar y respirar hondo: Ante la ansiedad, cualquier técnica de relajación puede servir, desde la meditación hasta la escritura terapéutica pasando por la respiración consciente.

Y recuerda: la ansiedad es pasajera.

Resumen del capítulo

– El estoicismo predica la correcta gestión de las emociones mediante el autocontrol.

– Algunas emociones, como la ira, la culpa, los celos o la envidia, son más propensas a descontrolarse y arrastrarnos a conductas peligrosas.

– Debemos aprender a decir «no» y a gestionar el conflicto de forma estoica, es decir, controlando las emociones.

– La piedra gris es una buena técnica para lidiar con gente tóxica, conflictiva y buscabroncas.

Entrena tu resistencia

«La vida no trata de esperar a que pase la tormenta, sino de aprender a bailar bajo la lluvia.»

— Vivian Greene

Si en algo destacaron los estoicos es en su tenacidad y en su alta resistencia a seguir impasibles ante el dolor, el agotamiento o la desesperanza. Y no, no eran masoquistas ni les gustaba sufrir ni nada de eso: si entrenaban su mente y su cuerpo para soportar adversidades, lo hacían por fidelidad a sus valores.

Para los estoicos, una persona resistente es aquella capaz de mantener la calma, el coraje y la integridad en las crisis. Para ello, no basta con proponérselo: hay que entrenar la mente para las adversidades. ¿Por qué? Porque si no lo hacemos, la mente no nos hará caso.

Instintivamente, nuestro cuerpo huye del dolor y se refugia en el placer. Del mismo modo, nuestro cerebro más reptiliano (el que solo entiende de supervivencia pura), nos envía mensajes de alerta al más mínimo cambio. Cuando hacemos algo que no nos gusta o que nos molesta, nuestro cerebro opone resistencia. Entender que esa resistencia es «postureo» es la clave.

Porque nosotros sabemos que el «dolor» que sentimos al ir al gimnasio y entrenar nuestros músculos, o el «dolor» de sacrificar un fin de semana de fiesta por estudiar para un examen no son perjudiciales, todo lo contrario. Aún así, nuestro cerebro no termina de entenderlo, y decide oponerse con todo tipo de trucos, mentiras, tentaciones y bloqueos.

¿Cómo combatirlos? Con disciplina y perseverancia para seguir fieles al objetivo (o a lo que es correcto).

Para los estoicos, la autodisciplina es la capacidad de dirigir nuestra de voluntad (lo que ellos llamaban «fuerza interior») hacia lo que consideramos correcto pese a dificultades, tentaciones, distracciones, etc.

A continuación, te ofrezco **7 estrategias contemporáneas** muy similares a las que practicaban los estoicos:

1. La regla del 40%

¿Sabes quiénes son los SEALs? Los SEALs son los hombres y las mujeres que integran la Unidad de Élite de la Marina de los Estados Unidos, es decir: los soldados más bien preparados de América.

En los duros entrenamientos para convertirse en SEAL, los aspirantes usan la llamada «Regla del 40%» para aumentar su resistencia: esta regla consiste en entender que, cuando sienten que han llegado al límite de sus fuerzas físicas, en realidad solo han gastado un 40%: aún queda otro 60% antes de llegar al agotamiento real: lo único que pasa es que ese 60% restante de fuerza lo van a gastar con dolor y con el cerebro primitivo enviando mensajes de alarma y peligro.

La mayoría de nosotros ignoramos dónde está nuestro límite físico, por lo que nos guiamos por los mensajes de alarma que nos envía el cerebro al primer signo de cansancio. Por lo tanto, mucho antes de que el cuerpo se agote, ya hemos creído que no podemos más y hemos abandonado[14].

Se puede aplicar la regla del 40% en el gimnasio, pero también en muchas otras

---

[14] No estoy animando a nadie a poner en riesgo su salud ni a desobedecer indicaciones médicas, ni tampoco a estresarse más. La regla del 40% debe aplicarse como técnica de autodisciplina en hábitos saludables.

actividades diarias: la última reunión de la jornada, trabajar en la coreografía que le prometiste a tu hija, pasar por el súper de camino a casa, hacerle un favor a alguien... Simplemente, cuando creas que no puedes más, recuerda que te queda más de la mitad de tu energía disponible.

2. Domina el dolor

Dicen las fuentes[15] que Epicteto era cojo. Y dicen, también, que su cojera se la provocó su propio amo (recordemos que Epicteto nació esclavo, de hecho, su propio nombre significa «comprado» o «adquirido»).

Según esta anécdota, su amo se enfureció cuando Epicteto le dijo que nada podía perturbar su espíritu (o que el dolor no era real, o que no

---

[15] Epicteto no dejó obra escrita, así que las fuentes siempre son de terceros. La principal de esas fuentes es su discípulo Flavio Arriano de Nicomedia, quien escribió el *Enquiridión*, que es el recopilatorio de los discursos de Epicteto.

podía someterlo, depende de la fuente); así que le torció la pierna para infringirle el máximo dolor posible. Epicteto, que ya estaba muy entrenado en la práctica del estoicismo, permaneció impasible, soportando el castigo sin desesperarse ni gritar. Lo único que le dijo fue: «La vas a romper». Pero su amo siguió hasta que le rompió los huesos de la pierna. Epicteto, en vez de gritar o defenderse (lo que le habría supuesto la muerte inmediata), solo añadió: «Te dije que me la ibas a romper. Ahora tienes a un esclavo cojo».

Epicteto quedó cojo para toda la vida. Sin embargo, su actitud hacia ese hecho no cambió ni en ese momento ni después.

¿Qué es el dolor físico?

El dolor es uno de los mecanismos de protección de que disponemos. Igual que la ansiedad, es como una alarma interna que salta cuando estamos en peligro o considera que hay una posible amenaza para nuestra integridad.

De forma instintiva, nuestro primer impulso frente al dolor es tratar de ahogarlo: por eso, sacudimos la zona afectada por un impacto, gritamos, soplamos, maldecimos (¿qué hacemos cuando nos pillamos un dedo con un cajón?). Pero lo cierto es que esas acciones no van encaminadas a detener el dolor sino a distraer la mente para que no lo perciba con tanta intensidad. ¡Y funciona!

Ya que distraer la mente es la clave para sobrellevar el dolor físico, aquí van algunas estrategias estoicas que nos pueden ayudar[16]:

- Observa el dolor como si fuera una mancha que se expande: céntrate en las sensaciones

---

[16] Nuevamente: no estoy animando a desatender las urgencias médicas, solo doy estrategias para sobrellevar mejor el dolor inevitable.

dolorosas y siente cómo vienen y van sin hacer nada para impedirlo.

- Imagina el cuerpo como vía o camino por el que el dolor transita como si se tratara de un cable que conduce electricidad o de un canal por donde baja el agua y que, igual que pasa por nuestro cuerpo, se va.

- Relativiza el dolor comparándolo con otros dolores del pasado que también has superado.

- Respira conscientemente mientras soportas el dolor, igual que en una sesión de meditación.

- Visualiza imágenes tranquilizadoras o de un futuro muy próximo donde ya no hay dolor (por ejemplo, el fin de la sesión de entrenamiento).

- Compara tu dolor con otros mucho peores que han tenido que soportar otras personas. Por ejemplo: uno de los dolores más intensos presentes en nuestra sociedad es el dolor que experimentan las mujeres durante el trabajo de parto. En esas horas de dolor inimaginable para un hombre y para cualquier persona que no haya pasado por ahí, echar mano de los recursos del estoicismo será de gran ayuda[17].

«La única parte de mi cuerpo que no me ha dolido entrenando son las pestañas.»
Javier Gómez Noya

3. La incomodidad neuronal

Muchas veces, el «dolor» que tenemos que soportar no es tanto físico como mental: la pereza, la falta de motivación, el hastío, el cansancio mental, etc., son suficientes para echar por tierra nuestra fuerza de voluntad si esta no es lo bastante resistente. Entonces aparece la incomodidad neuronal.

---

[17] Puedes mirarlo así: si tu madre pudo soportar todos los dolores relacionados con el parto, tú puedes soportar cualquier dolor físico que te propongas.

La incomodidad neuronal es la resistencia mental a la realización de una tarea que no nos gusta o que percibimos como aburrida, inútil, poco gratificante, desagradable, etc.

Esa incomodidad neuronal se manifiesta con emociones que sugieren no hacer algo, y es típico que aparezca justo antes de hacer una tarea que nos ponen de mal humor. Esa la responsable de la procrastinación, por ejemplo.

¿Por qué aparece? Ya hemos dicho que nuestro cerebro primitivo, cuando se trata de protegernos, no tiene reparo en enviarnos emociones incómodas para hacernos reaccionar. Eso también es así cuando considera que vamos a perder tiempo y energía en acciones que interpreta como inútiles, aunque nosotros sepamos que no es así, o que de todos modos es nuestra responsabilidad realizarlas.

¿Qué hacen los estoicos ante la incomodidad neuronal? Pues ellos no solo no sucumben a la incomodidad neuronal, sino que practican actividades incómodas para volverse cada vez más resistentes a ella, igual que practicaban la privación temporal de algo, como hemos visto en el Paso 3.

¿Qué podemos hacer nosotros ante la incomodidad neuronal? Pues exactamente lo mismo que los estoicos.

Los experimentos en este campo demuestran que, si aceptamos esa incomodidad sin rendimos a ella, es decir, si abordamos la tarea «conflictiva» aún con todas las emociones en contra, estas desaparecen tras un par de minutos una vez iniciada la tarea. Y, como el cerebro también tiene memoria emocional, la incomodidad neuronal hacia esas tareas será menor cada vez que toque hacerlas en el futuro.

Eso es aplicable en cualquier situación que nos provoque pereza, nerviosismo, aburrimiento, etc., desde hacer una llamada incómoda hasta ir al dentista, ordenar el trastero, planchar o pedirle un aumento a nuestro jefe.

> *«Imagínate lo bien que te sentirás en una hora si lo haces.»*
> *Brian Tracy*

4. *Praemeditatio futurorum malorum*

En oposición a la tendencia hacia el pensamiento positivo (que resulta casi infantil), los estoicos practicaban la *praemeditatio futurorum malorum*, es decir, la meditación negativa. Esta técnica consiste en la visualización de las posibles adversidades y problemas que nos pueden surgir en un futuro tanto próximo como lejano, y tanto derivados de nuestras propias acciones como de lo que nos rodea.

Así, nos preguntamos: «¿Qué es lo peor que puede pasar en esta situación?». Hay que ir al fondo de la cuestión, recrearnos mentalmente en las consecuencias más terribles, incluso las menos probables, de esa situación o decisión.

El nombre de esta técnica se lo debemos a Marco Tulio Cicerón[18], que dijo: «praemeditatio futurorum malorum lenit eorum adventum». Significa: «Prever los males futuros alivia su llegada».

Séneca describía así la *praemeditatio futurorum malorum*[19]:

«Ensaya en tu mente: exilio, tortura, guerra, naufragio. Todos estos conceptos humanos deben estar frente a nuestros ojos [...]. Toma una semana en la que apenas tengas comida, que sea barata y

---

[18] Marco Tulio Cicerón fue un escritor, filósofo y político romano que vivió unos 100 años antes de Séneca. No fue un estoico puro, aunque el estoicismo influyó mucho en su pensamiento.

[19] El texto pertenece a sus famosas *Cartas a Lucilio*, una serie de 124 cartas que Séneca escribió durante sus últimos tres años de vida, ya jubilado y retirado. En ellas, da consejos a un joven Lucilio, que podría ser, de hecho, él mismo.

mediocre, vístete de forma muy pobre, y pregúntate si eso es lo peor que podría pasarte».

Luego, debemos cuestionarnos si ese peor escenario posible es realmente tan terrorífico. Por ejemplo: «En esta situación extrema, ¿está en juego mi vida o mi integridad física?», «¿Me convertiría yo en la primera persona a quien le ocurriera eso?», «¿Lo perdería realmente todo?», «¿Cuánto tiempo tardaría en recuperarme?».

Con este ejercicio, demostrarás a tu cerebro que tienes en cuenta sus temores pero que, una vez analizados, casi ninguno tiene fundamento o es realmente importante.

5. Aprende a relativizar

Esta técnica consiste en valorar nuestras desgracias en comparación con las de la gente que vive a nuestro alrededor. ¿Por qué? Porque muchas veces nos enfadamos y nos sentimos «injustamente tratados» por la vida ante un contratiempo. Adoptamos tonos apocalípticos o dramáticos: «¿Por qué todo me pasa a mí?», «¿Es que nadie ve cómo estoy sufriendo?».

Entonces, es buena idea recordar que somos afortunados en relación a una enorme cantidad de gente. ¿Cuánta gente en este mundo cambiaría sus problemas por los nuestros?

Con esto no quiero invalidar pensamientos ni emociones. Cuando estamos saturados, un pequeño percance es suficiente para derrumbarnos. Lo que quiero es demostrar que a veces sufrimos demasiado y que, en el fondo, somos MUCHO MÁS FUERTES de lo que creemos.

No debemos evitar la adversidad a toda costa, solo para ahorrarnos las «molestias». Cuando no haya alternativa, debemos ser capaces de abrazar la adversidad como oportunidad para crecer.

6. Entrena tu mente para cuestionarlo todo

Para el estoicismo, la persona virtuosa (o sabia, o completa, como quieras llamarlo) no solo es la que sabe aguantar el tipo ante el dolor y las adversidades. La persona virtuosa también debe perseguir la razón, es decir, la verdad acerca de los conocimientos que va adquiriendo.

Por eso, los estoicos entrenaban la mente no solo para hacerla más resistente a las adversidades, sino también para luchar contra prejuicios, creencias limitantes y pensamientos distorsionados.

7. Sé agradecido: practica la gratitud

Pese a que no nos guste aceptarlo, ya sabemos que las dificultades, los golpes, las injusticias y los obstáculos forman parte de nuestra existencia. La mayoría de nosotros tendremos que enfrentarnos a ellos tarde o temprano y, si bien hay personas más afortunadas que otras, sumar envidia a esa realidad aún nos lo va a poner más difícil.

Así que deberíamos entender la mayor parte de esas dificultades como parte del entrenamiento en la resistencia al dolor. Cuando vas al gimnasio, ¿cuándo creces más, con pesas que no te suponen el más mínimo esfuerzo o con pesas que te obligan a esforzarte?

En otras palabras: No es la mar calmada la que hace experimentado a un marinero.

Bajo esta perspectiva, para el estoicismo, la mayoría de los golpes que superamos merecen más un agradecimiento por nuestra parte que una dosis de rencor.

¿Qué es lo que agradece un estoico exactamente? ¿Y a quién? Si un coche se salta un paso de peatones y lo atropella, ¿a quién debe darle las gracias el estoico? ¿Al conductor por mandarle al hospital?

No. El estoico se dará las gracias a sí mismo por su forma de afrontar el accidente:

- Agradecerá su propia firmeza y aceptación.

- Agradecerá no haber aprovechado la oportunidad para recurrir al victimismo o sacar tajada del asunto más allá de lo que es justo.

- Agradecerá haberse mantenido íntegro, pues gracias a todo ello su recuperación es más corta y llevadera.

Del mismo, modo tú deberías darte las gracias por recordarte que la vida también son las desgracias que te ocurren.

Sé que hay golpes de los que no te recuperas, o que te dejan secuelas durante largos años. No seríamos humanos si no sintiéramos dolor ante las desgracias más extremas. ¿Hay que mostrar gratitud por ello, también? No, pero la práctica de la gratitud en todo lo demás nos ayudará a diferenciar lo que merece sufrimiento y lo que no, y nos ayudará a llevarlo con serenidad.

Ejercicio de gratitud ante la dificultad

Vamos a intentar poner todo esto en práctica desde el punto de vista del estoicismo. Te invito a que realices conmigo el siguiente ejercicio:

1. Piensa en un problema actual que no sepas cómo resolver.

2. Observa qué emociones te genera y qué es lo que consideras el núcleo duro del problema (por ejemplo, si se trata de trabajo, identifica el obstáculo y deja de lado las culpas y el miedo al fracaso).

3. Ahora imagina que lo superas gracias a tu determinación, esfuerzo, trabajo, diálogo, etc., es decir, a tus acciones meditadas y

llevadas a cabo. Si todo acabara bien, ¿cómo te sentirías ante esta perspectiva?

4. Si eso se cumpliera, ¿qué enseñanzas sacarías de tu propia actuación? Si esto es difícil para ti, imagínate que se lo explicas a otra persona como si no fueras tú.

5. Ahora trata de afrontar el problema o la dificultad de la mejor forma posible. Mantén una actitud de aceptación pase lo que pase.

Reflexiona sobre el resultado. Da las gracias a lo bueno que hayas sacado de ti mismo (de tus recursos), por pequeño que haya sido el crecimiento.

Resumen del capítulo

— Los estoicos eran famosos por su tenacidad y su alta capacidad para mantenerse firmes y serenos ante el dolor, el agotamiento o la desesperanza.

— Frente a lo que considera un dolor o una amenaza, nuestro cerebro siempre va a intentar huir. Hay que saber cuándo hacerlo y cuándo quedarse.

— La autodisciplina es la capacidad de dirigir nuestra de voluntad hacia lo que consideramos correcto pese a las dificultades.

— Los estoicos entrenaban su mente para resistir los golpes, pero también para cuestionar continuamente la veracidad de sus pensamientos, creencias y juicios.

– Para el estoicismo, la mayoría de los golpes que superamos merecen antes un agradecimiento que una dosis de rencor.

Vive con integridad

«Si no está bien, no lo hagas, si no es verdad, no lo digas.»

— Marco Aurelio

No hay estoicismo que pueda ayudarte si no asumes un compromiso previo: el compromiso con tu integridad personal.

La integridad personal es la sincronización entre lo que piensas, lo que dices y lo que haces en términos morales. Así de simple y así de complicado a la vez. Es decir: la integridad se da cuando somos fieles a nosotros mismos y actuamos en consecuencia con lo que creemos y lo que sentimos que es lo correcto.

Para el estoicismo, la integridad personal requiere que seas fiel a tu sistema de creencias y valores, y estos deben estar basados en la justicia, el respeto, la honestidad y la igualdad. Lo contrario es venderse.

¿Qué implica esto, en la práctica?

- No mentir, engañar, decir la verdad a medias o tratar de influir de forma deshonesta.

- Cumplir con los compromisos adquiridos y con la palabra dada.

- Ser auténtico, es decir, no tratar de plagiar, imitar o ser falso.

- Respetar a los demás (para el estoicismo, el respeto no solo se le debe al prójimo humano, sino también a los animales, las plantas y todo lo que nos rodea).

- No maquinar, aprovecharse de los demás ni ser trepa, narcisista u oportunista.

- Ser compasivo y solidario sin esperar nada a cambio.

- Ser agradecido.

- Etc.

No hay bienestar emocional posible cuando sentimos que no estamos haciendo lo correcto según lo que somos o queremos ser: nuestra felicidad depende de nuestra dignidad y nuestra integridad personal. Por supuesto, hay cosas que producen felicidad y que no tienen nada que ver con la ética personal (comernos un postre delicioso, por ejemplo). Y, por supuesto, podemos hacer estas cosas siempre que queramos, si están al margen de compromisos morales. Pero lo que debemos entender es que, si nuestro triángulo de la integridad (lo que creemos, lo que sentimos y lo que hacemos), está roto, ni mil postres deliciosos podrán ayudarnos.

Tal vez te preguntarás: realmente, ¿merece la pena tanto esfuerzo? ¿Por qué debería yo ser una persona tan íntegra si a mi alrededor todo el mundo avanza a codazos y pisando a los demás? Te contestaré en dos pasos:

- El primero: No es verdad que todas las personas avancen a codazos. Lo que suele suceder es que las mejores personas, las más íntegras, no llaman la atención. Pero si estás atento, a lo largo de tu vida te cruzarás con cientos de personas de las que puedes aprender a ser íntegro, porque ellas lo son.

- El segundo: Da igual lo que hagan los demás. Tú te debes a ti mismo. Tu integridad es un fin en sí mismo, no una forma de ganarte nada, ni siquiera admiración.

Practica la integridad DESDE YA

Si quieres vivir en paz contigo mismo, debes practicar la integridad desde hoy mismo, en todos los aspectos de tu vida. Te menciono un par:

- **En el trabajo**: Tómate en serio la tarea, sé trabajador y no solo cuando el jefe esté mirando. Pregúntate qué es justo que hagas tú por el dinero que te paga la empresa. Si crees que te están explotando, no juegues a devolvérsela en silencio. Lucha para cambiar las cosas o prepárate para marcharte.

- **Con tu pareja**: Si has aceptado un compromiso, sé digno de él. Da lo mejor de ti mismo, no engañes, no abuses, no te aproveches y no traiciones la confianza de quien te está demostrando que cree en ti. Nada de eso garantiza que los demás sean íntegros contigo, pero ya hemos dicho que eso no debe centrar nuestra atención porque no podemos controlarlo.

La honestidad es más reconfortante de lo que crees. En cambio, cuando eres tramposo, eres infiel, trepa o oportunista, tarde o temprano te darás cuenta de que estás muy por debajo de lo que es una persona digna. Estás muy por debajo de la mejor versión de ti mismo. Y, si estás leyendo este libro, es porque dudo que te guste esa sensación.

> *«Si haces algo vergonzoso con el objetivo de obtener placer, el placer pasa rápidamente, pero la vergüenza se queda.»*
> Musonio Rufo

Ser íntegros no garantiza la felicidad, pero no serlo sí garantiza sentirnos siempre mal.

La relación con la autoridad

Para vivir una vida auténtica siendo nosotros mismos, debemos reivindicar nuestra libertad, lo que no significa vivir al margen de la ley: hay que encontrar el equilibrio entre nuestra libertad individual y el respeto a la autoridad.

En todas las sociedades están las figuras de poder, que son las encargadas de preservar la comunidad mediante el cumplimiento de las normas acordadas. Esa sería su definición a grandes rasgos.

Sin embargo, el poder corrompe y hace entender a quien lo disfruta que merece privilegios. Como es muy difícil «vigilar al vigilante», a menudo aparecen los abusos de poder, que existen en absolutamente todas las capas sociales, desde las grandes compañías hasta las familias.

En las situaciones de abuso de poder, lo peor no es lo que hace el poderoso al margen de la ley, sino lo que obliga a hacer a los demás. Si someterte a la autoridad te crea problemas morales, párate y reflexiona.

Como sociedad, debemos aspirar a actuar por responsabilidad y no solo por miedo al líder o al castigo. La historia ha demostrado que el bienestar colectivo, el progreso y la paz se consiguen en comunidades cuyos miembros se tratan con respeto mucho más que en sociedades donde se fomenta el sometimiento a la autoridad bajo amenaza de castigos. Autoridad y autoritarismo no son lo mismo.

En busca de sentido

El título de este apartado hace referencia al libro más famoso de Viktor Frankl, *El hombre en busca de sentido*. ¿A que me refiero con eso de «sentido»?

A menudo, me encuentro con pacientes que son íntegros, es decir, honrados: cumplen las leyes, respetan a los demás, son buenas personas. Y aún así, se sienten tristes y vacíos. Cuando empiezo a hablar con ellos, antes o después me doy cuenta de algo: se sienten vacíos porque les falta sentido. Su vida transcurre sin propósito y, a pesar de ser personas buenas y válidas, viven como autómatas.

Está comprobado que las mayores dosis de felicidad proceden de los buenos resultados de nuestras propias acciones. Para ello, nuestras acciones deben responder a un fin mayor, a un objetivo vital, para que tengan sentido. Ese objetivo vital debe inspirarnos y motivarnos para levantarnos cada mañana y prepararnos para la lucha diaria[20].

Los propósitos de vida son las misiones personales y voluntarias que nos ayudan a saber quienes somos y cuál queremos que sea nuestro lugar en el mundo. Ellos guían nuestras decisiones y no pueden ser impuestos por terceras personas.

Si quieres estar orgulloso de ti, si quieres irte a dormir cada noche lleno de satisfacción, busca objetivos. Visualízate dentro de diez años.

---

[20] El psicólogo Nathaniel Branden, pionero en el estudio de la autoestima, decía que uno de los siete pilares de la autoestima es vivir con propósitos, es decir: llenar nuestra vida con significado.

Visualízate como un anciano de 80 años. ¿se siente satisfecho con su vida? ¿Qué le ha faltado?

Resumen del capítulo

- La integridad personal se basa en hacer coincidir lo que creemos que es justo, lo que sentimos al respecto y lo que hacemos.

- La integridad personal requiere que seas fiel a tu sistema de creencias y valores.

- Valores y creencias deben estar basados en la justicia, el respeto, la honestidad y la igualdad. Lo contrario es venderse.

- Cuando nos comportamos de acuerdo con nuestro sistema de valores, nos sentimos bien mientras que, cuando nos traicionamos a nosotros mismos, empieza nuestro el malestar interno.

- La felicidad se consigue mediante la integridad personal y el seguimiento de un propósito u objetivo vital.

Vence el miedo

«Mantén tus verdaderas aspiraciones sin importar lo que esté ocurriendo a tu alrededor.»

— Epicteto

El miedo es un mecanismo de defensa que se activa ante un peligro con el fin de mantenernos con vida. Nos lo envía el cerebro para que extrememos precauciones y nos pongamos a salvo. Sin embargo, como ya decíamos al hablar de la ansiedad y de la incomodidad neuronal, a menudo el cerebro nos engaña. Es decir: nos hace creer cosas que no son exactamente así.

Por ejemplo: el miedo a un coche que se acerca disparado hacia nosotros tiene fundamento, el miedo a salir de casa si no hay amenaza real, en una ciudad normal que no está en guerra, no tiene fundamento: es un miedo irracional o distorsionado.

Para los estoicos, dominar el miedo es una obligación moral y tiene que ver con convertirnos en nuestra mejor versión. ¿Cómo lo hacemos? Aquí van algunos consejos:

- **Entender que nunca podremos eliminar el miedo de nuestra existencia**: tarde o temprano sentiremos miedo a algo o a alguien, así que lo mejor es aceptar que tenemos miedo cuando sea así. No pasa nada.

- **Cuestionar el miedo**: vamos a intentar poner en duda la veracidad y la utilidad de ese miedo. También vamos a valorar si es proporcional al peligro real.

- **Buscar compañeros de miedo**: aunque pueda parecer lo contrario, dos personas con miedo a algo, pero decididas a superarlo se pueden ayudar mucho más una a la otra que una que no siente ese miedo a una que sí lo siente.

- **Realizar una exposición gradual**: Si te da miedo salir a la calle, empieza por mirar fotografías de calles que te den miedo.

- **Dividir el miedo en miedos más pequeños**: Por ejemplo: ¿Tienes miedo a volar? Trata de analizar a qué sientes miedo exactamente: ¿Lo sientes cuando te diriges al aeropuerto? ¿O al subir al avión? ¿Al despegar o al estar a gran altura? Separa lo que NO te da miedo de lo que sí, y realiza todas las acciones que no te dan miedo relacionadas con los aviones. Se trata de acorralar ese «gran miedo» hasta reducirlo al 10%, y luego, realizar la acción que sí te da miedo como paso siguiente a todas las demás.

¿Qué harías si no tuvieras miedo?

«A menudo tenemos más miedo que dolor; y sufrimos más en la imaginación que en la

realidad.»

Séneca

Suelo hacer esta pregunta a mis pacientes cuando sienten miedo del futuro o no se atreven a cambiar una situación que les perjudica. Sus primeras respuestas suelen situarse en dos polos opuestos: o son muy comedidas («supongo que volvería a pedir ese aumento de sueldo»), o son absolutamente disparatadas («contrataría a un sicario para que amenazara a mi jefe»). Yo los animo a que suelten lo primero que les pasa por la cabeza para que, poco a poco, salgan sus verdaderos deseos y necesidades.

Tras un par de rondas de respuestas comedidas o disparatadas, empiezan a salir otras respuestas mucho más personales: «Si no tuviera miedo, le diría a mi pareja que ya no quiero trabajar en su empresa». «Si no tuviera miedo, cortaría con toda mi familia» «Si no tuviera miedo, le propondría a esa persona una cita».

No siempre podremos cumplir todos nuestros sueños. Y no siempre, por el simple hecho de saber a qué le tenemos miedo, todo se solucionará. Pero tenerlo claro sí ayuda a ver opciones.

Si lo que necesitamos o deseamos es de justicia o es algo bueno para nosotros y no nos atrevemos a ir tras ello, hay que trabajar ese miedo. Porque no merece la pena perder oportunidades por miedos que están más en nuestra mente que en otra parte.

«Quien le tenga miedo a la muerte no hará cosas dignas de quien está vivo.»
Séneca

Lo que opinen los demás está de más

Ya hemos dicho que una persona íntegra no se vende o no se deja corromper. Eso incluye la impermeabilidad a las críticas y a lo que opinen los demás.

Sin embargo, vivir en sociedad significa estar expuesto al juicio de los demás, y a adecuarnos a una serie de convenciones sociales para ser aceptados en el grupo. Y no hablo solo de leyes: hablo de la presión del éxito y del precio que hay que pagar cuando nos salimos de la norma.

¿Qué dicen los estoicos? Que merece la pena pagar el precio. El precio de las críticas, el precio del desprecio en alguna ocasión, el precio de perder la compañía o el amor de alguien si eso no se alinea con nuestros objetivos vitales. Si tú estás seguro de que estás haciendo lo correcto, ¿quiénes son los demás para venir a decirte nada? Tú eres tu primer juez.

Cierto que todos tenemos derecho a opinar y criticar (todos lo hacemos), pero también que todos tenemos derecho a no hacer ni caso a lo que digan los otros. Recuérdalo cuando te invadan las dudas acerca de tu camino porque un montón de personas se han mostrado perplejas o directamente ofendidas por algo.

> *«La tranquilidad llega cuando dejas de preocuparte por lo que dicen.»*
> Marco Aurelio

No huir de las críticas

Es cierto que mucha gente critica con la intención de herir, invalidar o sabotear. Pero a menudo también recibimos críticas que llevan razón. Por eso es importante aprender a manejarlas. Y lo primero que hay que hacer es aceptar que siempre vamos a ser criticados por alguien, hagamos lo que hagamos. De hecho, cuantas más críticas recibas, mayor es la prueba de que te estás moviendo.

Hace tiempo, le propuse a una paciente que se expusiera deliberadamente a las críticas. Era una mujer muy competitiva y ambiciosa, y tenía un serio problema para reírse de sí misma, tomarse las cosas con naturalidad y, sobre todo, aceptar críticas. Las críticas la afectaban tanto que prefería ponerse a la defensiva antes de escuchar.

Así que le propuse que fuera a la oficina con un peinado raro o algo que le quedara mal, como una prenda de ropa hortera o inapropiada para la estación del año en que estábamos. Me miró como si estuviera loco, pero le dije que se llevaría una sorpresa.

Marta, que era su nombre, fue al día siguiente a la oficina con un cardado de pelo que le sentaba francamente mal. Parecía que se hubiera cruzado con un tornado (me envió fotos). Durante un día entero, se expuso a las críticas, tanto a las de sus compañeras que, de forma bienintencionada, le comentaron que tal vez ese peinado no era la mejor opción; como a las de sus enemigos, que imaginó a sus espaldas.

Cuando volvió a terapia, le pregunté si había sido tan dramático como ella esperaba. Por supuesto, había sido mucho menos grave. En realidad, incluso se lo había pasado bien. Y se dio cuenta de qué gente era más de fiar. Unas cuantas sesiones más adelante ya se mostró preparada para aceptar críticas de verdad sin desmontarse ni ponerse agresiva.

Así que te aconsejo escuchar las críticas y detectar las que sean acertadas: generalmente vienen de personas que saben del tema y que no te ven como una amenaza. Esas suelen ser las sinceras y las útiles.

Resumen del capítulo

—   El miedo es un mecanismo de defensa que se activa ante un peligro con el fin de mantenernos con vida.

—   Para los estoicos, dominar el miedo es una obligación moral y tiene que ver con convertirnos en nuestra mejor versión.

—   Es imposible no sentir miedo de vez en cuando: lo que debemos hacer es aprender a lidiar con él y hacer las cosas que nos hemos propuesto, aunque sea con miedo.

—   Si lo que necesitamos o deseamos es de justicia o es algo bueno para nosotros y no nos atrevemos a ir tras ello, hay que trabajar ese miedo.

– Vivir en sociedad significa estar expuesto a críticas y a lo que digan los demás. Pero nuestro primer juez debemos ser nosotros mismos.

Practica el estoicismo CADA DÍA

Mientras cerramos esta última página, no es solo el final de un libro lo que marcamos, sino el comienzo de una nueva forma de ver el mundo. Porque ya no eres la misma persona que empezó este viaje:

- Has aprendido a ver las adversidades no como obstáculos insuperables, sino como oportunidades para crecer y fortalecer tu carácter.

- Has descubierto la capacidad de distinguir entre lo que está y lo que no está bajo tu control, liberándote así de las preocupaciones innecesarias y centrándote en lo que realmente puedes influir.

- La práctica de la moderación y la resistencia te ha enseñado a encontrar fortaleza en la simplicidad y la paciencia, reconociendo que la felicidad no depende de las circunstancias externas, sino de tu actitud interna.

- ...

El estoicismo no es solo un conjunto de ideas; es un camino que transforma la forma de entender y enfrentar la vida. Al adoptar estas enseñanzas y seguir estos 7 pasos, te has embarcado en un viaje continuo de auto-mejora hacia tu mejor versión.

Debes sentirte orgulloso de ti mismo. No solo por haber completado la lectura, sino por haberte permitido ser transformado por ella. Recuerda que *El poder del estoicismo* no reside en sus páginas, sino en cómo eliges aplicar estas lecciones en tu vida diaria.

Este libro puede haber llegado a su fin, pero tu viaje apenas comienza. Lleva siempre contigo estas lecciones de vida: la capacidad de permanecer imperturbable ante la adversidad, la habilidad para ver la belleza en la simplicidad y la fortaleza para vivir conforme a tus valores más profundos. Deja que iluminen tu camino y guíen tus pasos. Recuerda que cada página leída no solo refleja tu compromiso con el crecimiento y el aprendizaje, sino que también es un peldaño hacia una vida más plena y significativa.

Con admiración por tu compromiso con el crecimiento,

Daniel

Tu opinión es muy importante

Como autor independiente que soy, tu opinión es muy importante para mí y para futuros lectores como tú. Te estaría enormemente agradecido si me dejases **un comentario** en tu plataforma favorita diciéndome qué te ha parecido mi libro **para así poder seguir mejorándolo**:

- ¿Qué es lo que más te ha gustado?
- ¿Hay algo que hayas echado en falta?
- ¿A quién se lo recomendarías?
- ...

www.danieljmartin.es/review/pes

¡Un regalo solo para ti!

¿Te gustaría leer **mi próximo libro completamente GRATIS**? ¡Escanea el código que aparece debajo y **apúntate a mi club de lectores**!

Te esperan grandes sorpresas: sé el primero en leer mis nuevos lanzamientos, escucha mis audiolibros de forma gratuita, consigue copias firmadas y dedicadas... ¡y mucho más!

www.danieljmartin.es/clubdelectores/

Otros libros de Daniel J. Martin

www.soykevinalbert.com/wide/books